사람과
사람들

이홍식 산문집

창연

국립중앙도서관 출판예정도서목록(CIP)

사람과 사람들 : 이홍식 산문집 / 지은이: 이홍식. -- 창원
: 창연출판사, 2018
    p. ;   cm
ISBN 979-11-86871-45-4 03810 : ₩13000
산문집[散文集]
한국 현대 수필[韓國現代隨筆]
814.7-KDC6
895.745-DDC23   CIP2018012134

사람과 사람들

2018년 5월 12일 초판 1쇄 발행

지 은 이 | 이홍식
펴 낸 이 | 이소정
펴 낸 곳 | 창연출판사
주   소 | 경남 창원시 의창구 읍성로 39
출판등록 | 2013년 11월 26일 제 2013-000029 호
전   화 | (055) 296-2030
팩   스 | (055) 246-2030
E - mail | 7calltaxi@hanmail.net

값 13,000원
ISBN 979-11-86871-45-4   03810

ⓒ 이홍식, 2018

* 이 책의 판권은 저자와 창연출판사에 있습니다.
* 양측의 서면 동의 없이 무단 전재나 복제를 금합니다.
* 잘못된 책은 바꾸어 드립니다.

사람과 사람들

이홍식 산문집

창연

목차

책머리에　　　　　　　　　　　　　8

1부_말하는 사람들

말하는 사람들　　　　　　　　　　12
말이 주는 상처　　　　　　　　　　14
다언삭궁多言數窮　　　　　　　　　17
간결한 말　　　　　　　　　　　　19
자신 있는 말　　　　　　　　　　　21
입만 열면 그 소리　　　　　　　　　23
말로만 하는 사랑　　　　　　　　　25
말과 사람　　　　　　　　　　　　27
머리에서 가슴으로　　　　　　　　29
범종소리 같은 말　　　　　　　　　32
선거 때 후보자의 말　　　　　　　　35
말을 잘못 전하면　　　　　　　　　38
말의 선택　　　　　　　　　　　　40
말 옮기는 사람들　　　　　　　　　42

2부_늘 만나거나 혹은, 가끔 보는 사람들

늘 만나거나 혹은, 가끔 보는 사람들	46
싸움 구경하는 사람들	48
나약한 사람들	51
오만한 사람들	53
바쁜 사람들	56
제 발 저린 사람들	59
경쟁하는 사람들	62
행복을 만드는 사람들	64
외로운 사람들	66
세상인심과 사람들	69
못난 사람들	71
못난 사람들 2	73
난폭함을 용기로 착각하는 사람	75
독단을 결단으로 착각하는 사람	78
자신감 있는 사람들	81
제 발등 찍는 사람들	84
미꾸라지 같은 사람	87
나 아니면 안 되는 사람들	89
나 아니면 안 되는 사람들 2	91
나 아니면 안 되는 사람들 3	93

3부_때로는 가까이 혹은, 멀리 있는 사람들

때로는 가까이 혹은, 멀리 있는 사람들　　98
남을 비방하는 사람　　99
상 받는 사람들　　102
상 받는 사람들 2　　104
프로필　　106
선거와 후보자　　109
한국의 선비문화　　111
한국인과 학문의 전통　　114
질투와 비교본능　　117
가까운 사람에게 느끼는 질투　　119
사람의 견제심리　　121
지천명(知天命)이 되어서　　124
세상에서 가장 어려운 싸움　　127
툭하면 화부터 내는 사람　　129
서로 가까운 사이에는　　131

4부 사람과 사람들

우울한 사람들　　136
꿀물 같은 사람　　139
뒷북치는 사람　　141
목소리와 얼굴　　143
트럭으로 장사하는 사람들　　146

5부 사람은 누구나

사람은 누구나	150
부처님 손바닥에서	152
배제 아닌 배려	155
자기 자랑하는 사람들	157
변한 건 없는데	160
세상인심	163
금덩이와 고구마	165
내가 보는데 따라서	167
사랑의 순서를 모르는 사람	169
새것만 찾는 사람	172
잘못 만난 사람	175
매듭을 풀어야할 사람	178
골목대장	181
골목대장 2	184
개밥에 도토리	186
살 빼는 사람들	189
부부의 힘	191
머리띠 두른 사람들	194
야간에 하는 일과 주간에 하는 일	196
화해와 용서를 구분 못하는 사람	199
익어가는 사람	202
아름다운 사람	205
서양과 동양 사람들	208
한국 사람들	211
맺는말	214

책머리에

　인생이란 지나고 보면 필름을 빠르게 돌리며 보는 영화 속 화면과 같다. 달리는 말(馬)을 문틈으로 보는 것처럼 순식간이다. 시간은 사람을 가려 늦게 가거나 빨리 가지 않는다. 때가 되면 언젠가는 내가 있던 자리를 다른 것들에게 내주고 세상 밖으로 나가야 한다. 의식 있는 인간이 이것을 모른다면 수치스러운 일이다. 동면을 준비하는 짐승들은 봄이 올 때까지 생존에 꼭 필요한 것만 챙긴다. 그러나 우리는 한정된 인생을 영원히 살 것처럼 온갖 것에 욕심 부리며 손에 쥔 것을 놓지 않으려고 한다. 그런 삶이 어리석고 안타깝지만 어쩌겠는가. 그래서 사람인 것이다. 인간이 어떤 일을 하고 있을 때, 자기가 그 일을 하고 있다는 사실을 의식하고 있을 때, 인간은 다른 동물과 구분된다고 했다. 자기가 하는 일에 의미를 부여하는 것이 앎이며 자기인식이다.

　이런 찰나의 삶을 사는 한번 뿐인 인생은 어떤 일에서건 대부분이 사람과 사람의 관계다. 그들과의 관계로 인해 생기는 수많은 일과 마주하며 살아야 한다. 우주의 눈으로 보면 좁디좁은 울타리 안에서 개미처럼 오글거리며 평생을 살아가는 것이다. 인생에는 중요하고 큰일도 있겠지만, 대부분 일상에서 일어나는 사소하고 하찮은 것, 더러는 의미를 머금지 못한 채 진부함으로 뒹구는 일들이다. 하지만 일상을 떠나서는 삶도 없고 실존의 의미도 구할 수 없다. 그런 맥락에서 우리 일상은 가장 훌륭한 인문학적 사유의 대상이기도 하다. 하루 대부분은 사람과의 일이기에 내가 만나는 뭇사람들의 모습을 지켜보며 그들이 빚어내는 여러 상황을 글로 표현한다는 것은 흥미 있는 일이다. 나의 그런 과정을 통해 내 모습을 찾기도 하고 나를 통해 다른 사람을 보게 되는 것이다.

여기에 있는 글 중에는 의식의 밑바닥에 눌러두었던 어떤 응어리 같은 것이 발효되어 넘쳐 나온 것도 있다. 이 글을 쓰기 위해 발동기의 터빈을 돌리는 힘은, 개인적 사고일 수도 있고, 나와 아주 가깝다고 생각했던 사람들에 대한 실망과 그들의 이유 없는 업신여김이나 그에 대한 억울함과 분노의 체험이기도 하다. 어쩌면 그것이 작가로서는 행복한 일도 될 수 있을지 모르나 조금은 잔인한 것일 수도 있다. 어느 한때, 나는 어쩔 수 없는 것에 대한 체념이라기보다 당장은 이길 수 없는 현실을 나중에 글로써 갚겠다는 생각을 한 적도 있었다. 그것은 최소한의 내 자존심을 구하기 위한 자위행위였는지도 모른다.

책상 앞에 앉아 컴퓨터 속에 저장된 어중이떠중이 글들을 다시 읽으니 이목구비 반듯한 글은 별로 찾아보기 어렵다. 그래도 내 재주껏 지었고 다 자식 같은 것이다. 그러니 내 자식이 조금 모자라는 병신이라고 해도 버릴 수는 없지 않은가. 그 마음으로 누더기를 이리저리 꿰맞춰 보자기를 만들듯 책을 만들어보았다. 그러다 보니 어설프지만, 조각보 하나가 만들어졌고 사람들 앞에 내놓게 되었다. 소재가 같은 글이 많아 연작으로 구성한 부분이 많다. 한 가지 주제를 두고 쓴 글이 흩어져 있는 것보다 함께 모여 있는 것이 독자들에게도 산만함을 덜어주는 일도 될 것 같았다. 마치 우리가 상점에 들어갔을 때 진열대 상품이 같은 것끼리 가지런히 진열되어있으면 물건을 고르기가 쉬운 것처럼.

마지막으로 이처럼 말(言)에 관한 엇비슷한 이야기를 집요하게 많이 하는 까닭은 우리가 하는 말속에 인간의 오욕칠정(五慾七情)이 고스란히 들어있고 사람에 따라, 상황과 때에 따라, 장소와 여건에 따라, 말하는 사람 기분에 따라, 말의 모습이 너무도 다양하기 때문이다. 인간은 꿩

장히 다층적인 존재다. 천수관음의 손처럼 인간에게도 천 개의 인격이 있다. 지하에서부터 하늘, 우주를 아우르는 인간의 다채로운 모습은 천수관음의 손에 비할 바가 아니다. 또 다른 이유는 묵은 장(醬)이라도 그릇을 바꾸어 담으면 입맛이 새로워지듯 자신이 익숙하게 아는 것도 형식이 달라지면 마음과 보는 눈이 달라지기 때문이다. 그렇다면 내가 쓴 글도 읽는 사람에게 그렇게 느껴질지도 모른다는 생각에 나 역시 묵은 장을 새 그릇에다 담아보는 것이다. 마치 꽃밭에 핀 꽃이 저마다 모양과 향기가 다르듯.

2018년
저자 이홍식

1부

말하는 사람들

인간의 탄생은 자기가 결정하는 바가 없고
선택한 바 없는 일이지만, 그러나 탄생 이후의 삶은
자신이 감당해야 한다.

말하는 사람들

　인간에게 말이 주어진 것은 자신의 생각을 감추기 위해서라는 말도 있다. 이 말의 의미가 무척 철학적이고 은유적이어서 그 뜻이 무엇인지는 정확히 알 수는 없지만 한번쯤 깊이 생각해볼 일이다. 아무튼, 지구의 생명체 가운데 언어로 싸울 수 있는 유일한 동물이 인간이다. 자기 존재의 모든 것을 언어에 담아 다룬다. 때로는 그것이 격렬해서 다른 것들로 바뀌면 나라끼리 전쟁 같은 큰 싸움으로 발전하기도 한다. 인간이 말을 만들어 서로 의사표시를 한 것이 언제부터인지 모르지만, 사람은 태어나서부터 죽을 때까지 관계의 연속이다. 그런 관계의 매개(媒介)가 되는 것이 말이고 말로 말미암아 서로의 관계가 형성된다. 서로 말이 통하면서 동질감을 느끼게 되어 서로가 모이게 되고 하나의 사회가 만들어지는 것이다.

　인간의 탄생은 자기가 결정하는 바가 없고 선택한 바 없는 일이지만, 그러나 탄생 이후의 삶은 자신이 감당해야 한다. 자신에 대한 책임을 생각하는 인문학적 사유의 첫 번째 과제는 말에 대한 의미다. 왜냐하면, 인간을 인간이게 하는 것은 언어를 가졌기 때문이다. 생각은 언어 없이는 불가능한 것이고 언어가 곧 생각이다. 그런 이유로 사람은 자신이 할 수만 있다면 말의 사용에 대해 신중히 해야 한다. 가치 있고 좋은 언어를 만들어내는 것은 우리가 인간답게 살기 위해 꼭 필요한 것이고 무엇보다 귀한 일이다. 말의 단순함이나 진지함, 순수함을 통해 자신의 정체성과 삶의 의미에 대해 생각하게 되는 것이다.

세상의 말 중에는 대통령은 대통령의 말이 있고 부자는 부자대로 빈자(貧者)는 빈자의 말이 있다. 도둑의 말과 시인의 말도 있다. 분노의 말, 기쁨의 말, 슬픔의 말과 함께 그 모습대로 살아가는 것이 인생이다. 어차피 나중에는 모두 하나가 되어 정해진 곳으로 가야 하는 사람들끼리 이 땅에 머물 수 있는 시간이 얼마나 짧은데, 그것도 모르고 서로 간에 말과 싸움을 보고 있노라면 서글픈 생각마저 든다. 말이 우리에게 어떤 행복한 삶을 가져다주기에 말의 진창 속에서 저토록 허우적대는 것인지 모르겠다. 사람은 왜 말로써 물고 뜯으며 싸워야 할까. 때로는 몸으로 하는 싸움보다 말로 하는 싸움이 더 무섭다.

　같은 주제로 이처럼 여러 편의 글을 쓴 이유는 한입으로 다 먹을 수 없는 과일을 잘게 쪼개어 한 조각씩 맛을 음미하는 것과 같다. 또 다른 비유를 들자면 고기가 부위별로 맛이 다르고 요리하는 방법에 따라 맛이 틀리는 것처럼, 내가 쓴 글도 이것과 다르지 않을 것이다.

말이 주는 상처

사람의 혀는 뼈가 없어도 사람의 뼈를 부순다는 말이 있다. 그만큼 말의 힘은 무섭고 말은 곧 사람이다. 누군가 말하는 것을 보면 그 사람의 사상과 됨됨이가 그대로 드러난다. 사람이 쓰는 말 속에 그가 가진 대부분이 담겨있다고 해도 틀린 말이 아니다. 요즘 만나는 사람들 가운데 문인들이 많다. 그들은 아름답고 섬세하며 힘 있는 말을 구사하는 말의 고수들이다. 내가 그 속에 있으면서도 한동안 마음을 열줄 모르다가 그들과 함께하는 일이 많아지면서 나도 모르게 귀가 뚫려버렸다. 나중에는 마음마저 열려 나를 향해 다짐하듯 '말과 사람의 관계에 대하여'라는 현판을 나 스스로 만들어 현관 입구에 걸어놓았다. 그리고는 그 앞으로 다가가 현판 쳐다보는 일이 잦아졌다. 그런 까닭은 어떤 일을 하기 전, 먼저 그 앞에 서는 일은 내 일상에서 무엇보다 가치 있는 일이기 때문이다.

마음을 바꾸어 들으려는 생각으로 귀를 열면 전에는 그렇게 거슬리던 말도 거슬리지 않는다. 듣겠다는 생각으로 마음에서 힘을 빼고 들으니 전혀 다른 파장으로 가슴에 와 닿는 것이다. 비유하자면 무협지에 나오는 무술의 최고 고수들은 하나같이 물과 바람처럼 부드럽고 유연하다. 전에는 온몸이 나무토막처럼 딱딱하게 굳어 있어 마음에 들지 않는 사람 말은 듣지도 않으려 했다. 스마트폰 문자 하나가 조금만 거슬려도 항상 불만스럽고 거부감이 생겼다. 하지만 나 스스로 현판을 걸어둔 지금은 전과 달라졌다. 똑같은 말도 내가 어떻게 듣느냐에 따라, 얼음에서 물로 바뀌는 것이다.

　자신이 몸담은 조직이 나에게 맞지 않는다거나 다른 사람이나 친구가 나에게 잘 대해주지 않는다고 생각한다면, 그것은 모두 자기에게 원인이 있다. 그러므로 먼저 돌이켜 자기에게 원인을 찾아 무엇이 잘못되었는지를 따져보아야 한다. 그렇지 않고 무작정 사회나 조직, 친구를 원망해서는 안된다. 몸담은 조직이 자기 생각과 맞지 않더라도 어차피 여러 사람과 함께 할 수밖에 없다면 자기의 정체성을 조직의 정체성에 맞추어가는 노력이 필요하다. 자신을 엄격하게 살펴서 원인을 찾아내는 것이 사회와 조직의 모든 사람에게 자신을 필요하게 하는 바른길이다.

　나는 한때 나와 가장 가까운 사람에게서 말 때문에 상처받고, 반대로 상처를 준 일이 많았다. 시간이 흐른 지금에 와서 생각하면 상대에게 그렇게 상처받거나 상처 줄 일도 아니었다. 내가 받아들이기에 따라 나를 찌른 것이 창도 될 수 있고 아무것도 아닌 바늘이 될 수도 있었다. 창을 바늘로 만들든, 바늘로 창을 만들든, 그것은 나 자신과의 일이다. 사람이란 자신을 이겨냄으로써 완성되고 자신만을 사랑함으로써 망가진다는 말대로 나 자신을 스스로 이겨낼 수 있으면 창이 바늘로 변할 것이고 아니면 그 반대가 될 것이다. 함부로 뱉은 말로 인해 입은 상처는 칼에 베인 것보다 더 아플지도 모른다. 평소 우리가 가볍게 흘려듣는 평범한 말속에 날 선 칼과 같은 엄정함이 숨어있음을 알아야 한다.

　인생에서 말 때문에 일어나는 수많은 문제가 반드시 저항해야만 하는 일이 있겠지만, 피할 수 없는 것이라면 담담하게 받아들이는 것도 삶의 한 가지 방법이다. 살면서 겪는 억울함 역시 꼭 그것을 벗겨내야만 하는 것은 아니다. 인생을 살다 보면 내가 억울한 일을 당해 그 억울함을 벗고 싶어도 벗어나기 힘든 일도 있는데, 그것은 지금 당장 어찌할 수 없는 경우다. 그때야 비로소 '나'라는 울타리에 갇혀 이전에 생각지 못했던 많은 문제를 생각하게 된다. 만약, 그런 어려움을 넘어설 수 있다면 우리의 정신은 아마도 전에 없던 새로운 사다리를 타고 성숙의 단계로 올라설 수 있을 것이다.

바람에 흔들리는 갈대처럼, 바람 불면 고개 숙이는 풀처럼, 휘어질 줄 알아야지 몸에 힘이 들어가 꼿꼿하면 부러지기 쉽다. 살아서 숨 쉬는 동안 아무리 힘들고 어려워도 할 수만 있다면 유연해져야 한다. 바람에 맞서다 부러지거나 뿌리가 뽑힌다면, 가벼운 바람에도 흔들리기조차 못 할 것이다.

다언삭궁 多言數窮

노자(老子)의 말에 다언삭궁(多言數窮)란 말이 있다. 말이 많으면 쉽게 궁색해진다는 뜻이다. 말이 많은 사람 대다수의 특징 가운데 하나가 듣는 사람의 수준을 의심하는 사람이다. 말하는 사람이 듣는 사람의 수준을 신뢰하지 않으면 자신의 메시지나 생각을 상대방이 이해하지 못할까 봐 자꾸 설명을 끼워 넣게 된다. 그러니 말이 길어지고 군더더기가 생기는 것이다. 상대를 신뢰한다면 자세한 설명이 필요 없다. 그때는 말하는 사람과 듣는 사람이 대화하는 것이니까.

듣기보다 말하기를 좋아하는 것은 상대를 이해하기 전에 내가 먼저 이해받고 싶은 욕구가 강하기 때문이다. 어려운 것 중에서도 하지 않아야 할 말을 하지 않는 게 참 어렵다. 그보다 더 어려운 것은 해도 되는 말조차도 참는 것이다. 이런 마음을 억누르고 자제할 수 있는 사람이 요즘 같은 세상에서는 여간해서 만나기 힘들다. 말이 간결하지만, 궁색하지 않고 뼈대가 보이지만, 마르지 않는 그런 모습이야말로 밝아도 눈이 부시지 않는 빛과 같다. 화광동진(和光同塵)이란 말의 의미를 제대로 아는 사람이라 할 수 있겠다.

입만 열었다 하면 시간 가는 줄 모르는 사람, 수많은 말을 쏟아내는 것을 자신의 해박함으로 착각하는 사람, 자기가 하는 말은 듣는 사람이 귀담아들을 것으로 생각하는 사람, 자기의 말은 항상 유익할 것으로 생각하는 사람의 말은 듣고 나면 아무것도 남는 게 없다. 말이란 굳세면서도 막히지 않고 남이 볼 때 해박한 듯하지만, 넘치지 않아야 한다. 말이란 내용도 없으면서 지나치게 꾸미는 것보다 차라리 다소 거칠고 서툴더라도 진실한 것이 백번 낫다.

나는 어릴 적 할아버지에게 "말이 많으면 쓸 말이 없다."는 말을 수없이 들으며 자랐다. 세월이 갈수록 옛 어른들 말이 절대로 틀리지 않는다는 것을 실감한다. 산이 좋아 산을 가는 사람에게 왜 등산을 하느냐고 묻는 이에게 "산이 거기 있기 때문"이라고 대답한 어느 산악인의 말처럼, 우리가 사람을 만나야 하고 서로 간에 말을 주고받는 것도 등산과 같다. 할아버지의 말씀은 말에 대한 황금률이자 다시없는 가르침이다. 침묵을 의식하기 위해 소리가 필요한 것처럼 말을 줄이기 위해 말을 해야 한다면 등산가의 말과 할아버지 말씀은 같은 맥락이다.

누군가 화려한 새것, 기죽이는 데는 헌것의 푸근함이라고 한 말을 기억한다. 약간 어눌해도 삶에서 묻어나는 꾸밈없는 진솔한 말이 그것이다. 검이불루(儉而不陋) 화이불치(華而不侈) 검소하지만 누추하지 않고 화려하지만, 사치스럽지 않다는 말이다. 한국문화유산답사기를 쓴 유홍준 교수가 전국 문화유적을 답사하며 우리나라 문화를 여덟 글자로 표현했다. 이것을 우리가 하는 말에 적용해도 딱 맞아 떨어진다.

우리 산천의 풍경처럼 사람의 말이라는 것도 이와 같다면 얼마나 좋을까. 약간 어눌하지만, 진실 되고 뼈대 있는 말. 화려하게 하더라도 자기를 자랑하지 않는 사람이었으면 좋겠다. 말이란 봄비처럼 부드럽게 속삭이며 감미로운 것도 좋다. 겨울비처럼 옷깃을 여미게 하는 것도 좋고, 여름 장맛비처럼 호기 넘치는 것도 좋다. 하지만, 가을비처럼 가슴으로 스며드는 것이 더 좋다. 말이라는 것도 때에 맞추어 계절 따라 내리는 비처럼 할 수만 있다면 얼마나 좋을까. 그렇게만 된다면 삶에 그윽한 멋이 저절로 입혀질 것이다.

간결한 말

요즘 사람들은 말의 홍수 속에 산다. 어디를 가든 사람이 모이는 곳이면 어김없이 누군가는 말을 하게 되는 사람이 있다. 짧은 말이든 긴말이든 말하는 모습도 다양하다. 짧은 말이야 상관없지만, 긴말을 들어야 할 때가 있는데 그럴 때마다 느끼는 것은 말이란 길게 하는 것이 잘 하는 것이 아니라 진실한 말을 짧게 하는 것이다. 말을 잘하는 사람이란, 많은 말을 늘어놓는 것이 아니고 어렵고 유식한 말을 하는 사람도 아니다. 근사한 단어를 써가며 화려하게 하는 말도 아니다. 이 얘기 저 얘기 늘어놓지 않고 되도록 짧은 시간에 말의 핵심을 찾아 다른 사람이 쉽게 알아듣도록 간결하게 말하는 사람이다. 처칠은 5분짜리 말을 가지고 온종일 이야기할 수 있지만, 만약 말하는 시간이 5분이라면 그 5분을 위해 꼬박 하루를 준비해야 할 것이라고 했다.

중세 수녀의 기도문 중에 "주님 저에게 말 많은 늙은이가 되지 않게 하시고 특히 아무 때나, 무엇에나 한마디 해야 한다고 나서는 치명적인 버릇에 걸리지 않게 하시고 이 얘기 저 얘기 떠들지 않고 곧장 요점을 향해 날아가는 날개를 주소서." 수십 번을 읽고 또 읽어도 가슴에 와 닿는 말이다. 대부분 사람은 침묵을 견디지 못하고 이때쯤 내가 한마디 해야 한다는 유혹을 뿌리치지 못한다. 그러다 기어이 말이 입 밖으로 튀어나오고 만다. 그렇게 튀어나온 말을 두고 다산 정약용은 "마음이 안정된 자는 말이 적으니 마음을 안정시키는 일은 말을 줄이는 것으로부터 시작한다. 때가 된 뒤 말을 한다면 말이 간략하지 않을 수 없다."

라고 했는가 보다.

　산문(山門) 스님이 하는 묵언 수행이나 수도자의 피정(避靜)도 입을 닫고 자기 안으로 들어가 침묵 속에서 자기에 내면 깊숙한 곳을 탐색하는 것이다. 침묵을 채워 마음을 비우는 일이고 때로는 침묵이 훨씬 더 많은 의미를 지니기도 한다. 침묵은 언어의 박탈, 침잠일 수도 있다. 말의 늪에서 벗어났을 때, 비로소 자신과 대화가 이루어질 수 있다. 말로 차 있는 가슴에 침묵이라는 무거운 돌덩어리가 가라앉으며 그 무게로 말을 몸 밖으로 밀어내는 것을 상상해보라. 그것은 무엇과도 바꿀 수 없는 기쁨일 것이다. 안에 쌓여있던 묵은 찌꺼기들이 밖으로 빠져나오는 느낌은 어떤 것과도 바꿀 수 없는 배설의 쾌감과 그에 따른 행복함을 맛볼 수 있을 것이다.

　긴말을 들어도 지루하거나 번잡하지 않을 때가 있고, 한마디 말에도 마음이 덜컥거리며 무거울 때가 있다. 이처럼 내가 들으면서 남에게 말을 어떻게 해야 하는가를 깨닫게 되는 것이다. 말을 배우는 데는 2년이 걸리지만, 침묵을 배우는 데는 60년이 걸린다고 한다. 말하는 것보다 더 중요한 것은 다른 사람의 말을 들을 줄 아는 것이다. 우리는 대부분 상대의 말은 듣기도 전에 미리 내 생각으로 짐작하고 판단하려 한다. 상대의 말을 왜곡하지 않고 있는 그대로 받아들이는 마음, 내 마음의 편견과 고집을 버리고 다른 사람의 말을 빈 마음으로 들을 수 있다는 것은 자기가 자기에게 내리는 축복과도 같다.

자신 있는 말

　자기 말을 하면서 여러 사람의 말이라고 하는 것과 내가 본 것을 여러 사람이 본 것이라 둘러대는 사람이 많다. 자기 생각을 여러 사람의 생각이라고 말하는 사람은 자신감이 없어서다. 왜 너나없이 자기 말에 다른 사람을 끌어들이는지 모르겠다. 혼자서는 용기가 없기 때문일까. 비유될지 모르지만, 정치판에도 중요한 사건 하나가 쟁점이 되어 한쪽이 몰리는 상황이 오면 다른 것을 끌어들여 상대방의 예봉을 피하고 사람들 관심을 분산시키는 일이 있다. 이것을 두고 '물 타기 한다.'라고 하며 서로 헐뜯지만, 모두 책임감 없는 비겁한 모습이다.

　나는 가끔 길을 가거나 볼일을 보다 보면 관공서나 어떤 기관 앞에서 민얼굴로 1인 시위를 하는 사람을 보게 된다. 개인의 사적인 일이나 특별한 경우를 제외하고 그것이 여러 사람을 위한 정의로운 일이라면, 아무나 쉽게 할 수 있는 일이 아니기에 그 사람이 지닌 내면에 힘의 크기를 반영하는 것일 수도 있다. 그런 사람은 비교적 단단한 심리적 소신을 지녔을 뿐만 아니라 매우 강한 자신감을 보여준다. 왜냐하면, 누구도 끌어들이지 않고 혼자서 하는 용기 있는 사람은 자신에 대해 믿음과 확신이 강하기 때문이다.

　자기가 하는 일에 다른 사람을 끌어들이는 것은 자신감이 없어서다. 함께하면 없던 용기가 생기는 것처럼 혼자서 못하던 일도 익명(匿名)이 되거나 다른 사람과 같이 있으면, 거기서 오는 안정감으로 혼자서는 할 수 없는 일도 거뜬히 해낸다. 자기가 꼭 해야 할 말이라면 누군가를 끌어들이지 말고 민얼굴로 당당하게 말하면 안 될까. 내가 한 말을 여러 사람 말이라고 하면 말에 어떤 다수의 힘이 실린다고 생각하는지 모른다. 하지만, 그런 힘을 빌릴 때가 있고 그렇지 않을 때가 있다. 잘못과 칭찬의 말에 다수를 끌어들이는 의도는 나 말고도 다른 사람도 그렇게 이야기한다는 것을 전제로 말의 권위를 높여보려는 것이겠지만, 그 효과는 알 수 없다. 칭찬이라면 상승의 효과가 있을지는 몰라도 잘못을 말하는 것이라면 오히려 그 반대가 될 수 있다. 꼭 말을 해야 한다면 남을 끌어들이지 말고 있는 그대로 바르게 해야 한다.

 진실한 말은 언제나 힘이 들어있고 살아있지만, 그렇지 못하면 남에게 해를 끼칠 수 있다. 언젠가 나와 가까운 사람이 내 잘못을 두고 여러 사람의 말이라고 하는 바람에 마음에 상처받은 적이 있다. 여러 사람이라고 한 그 말을 두고 밤새 나와 그 일에 연관된 사람을 떠올리며 생각하느라 꼬박 밤을 새운 일이 있었다. 다음날 만나는 사람 가운데 이 사람을 보아도 내 잘못을 이야기한 것 같고, 저 사람을 보아도 그런 것 같아 한동안 마음고생을 했다. 얼마 지나지 않아 내 잘못이 아니라는 오해는 풀렸지만, 처음 그 말을 전한 사람과는 지금도 만나서 얼굴 마주 보는 게 서먹하다. 금 간 자리가 아물어 이전으로 돌아가려면 제법 많은 시간이 걸릴 것이다.

 이런 경험을 하고 난 다음부터 내가 하는 말에 여러 사람을 끌어들이는 말은 하지 않기로 했다. 또 자기 말이 아닌 다른 사람 말을 덧붙여서 하는 말도 듣지 않기로 했다. 말을 잘못 전달하면 듣는 사람이 상처받는다. 내 말을 하면서도 여러 사람 말이라고 하는 것은 정말 비겁하다. 바르게 말해준다는 것, 그것은 상대에 대한 존중이고 배려다. 그리고 자기도 그런 일을 당하면 상대가 바르게 말해주기를 바라는 믿음이다.

입만 열면 그 소리

나는 '입만 열면 그 소리'라는 말을 귀에 못 박히도록 들으며 살았다. 항상 말은 번듯하게 하지만 실제로는 그렇지 않다는 뜻이기도 하고, 입만 열면 그 소리가 반복되는 것이라 믿을 수 없다는 소리다. 주변에는 말 그대로 입만 열면 거짓말을 하는 사람도 있다, 어제 한 소리를 오늘 또 하고 며칠 전, 아니면 작년에 한 소리를 한마디 틀리지도 않고 입만 열면 같은 소리를 반복하는 것이다. 어쩌면 자기가 했던 말을 기억 못 하고 지금 하는 말이 새로운 말인 줄 착각하는지도 모른다. 만약 그렇다면 차라리 그것은 다행이다. 어제 한 말인 줄 뻔히 알면서 또 하는 그것이 문제다.

우리가 늘 보는 위정자들은 입만 열었다 하면 서민의 민생과 경제를 이야기한다. 특히 국회의원들은 입만 열면 지역발전과 지역민의 숙원사업인 무엇 무엇을 위해, 정치 생명을 걸고 이렇게 저렇게 하겠다는 약속을 한다. 말 그대로 입만 열면 그 이야기다. 교회에 가면 목사가, 절에 가면 스님이, 사랑과 자비를 말하지만, 세상은 사랑과 자비가 실종되고 사람들 마음은 마를 대로 말라 있지 않은가. 불교계 종정 스님의 말씀처럼 "종교가 사람을 걱정하는 것이 아니라 요즘은 사람들이 종교를 걱정하는 세상이 되었으니 고개를 들 수 없다."라고 한 것은 실천 없는 말 때문이다.

말에 대한 것도 그런 관계를 결정해주는 권리가 자기들에게 있다고 생각하는 사람들이 있다. 또 그러한 권리를 남이 갖고 있다고 생각하며 남의 말을 맹목적으로 쫓는 사람도 있다. 이들 중에 더 불쌍한 것은 아무 말도 못 하고 남의 말을 따라가야만 가는 사람들이다. 우리 경제를 주무르는 사람들은 입만 열면 지금의 이 회사는 밤낮으로 고생하는 여러분의 피땀으로 이룬 결과라며 입에 침이 마르도록 말한다. 우리는 직원과 그 가족 전부를 진심으로 사랑한다고 하면서, 상황이 달라지면 딸린 가족과 함께 길거리로 내모는 것이다. 또 비정규직 근로자들을 정규직 전환을 위해 노력하겠다는 달콤한 소리도 한다. 그 소리에 사람들은 아무런 말도 못 하고 그냥 따라가야만 하는 것이다.

사법기관도 마찬가지다. 입만 열면 죄 없는 서민을 위한다는 소리고 민중의 지팡이가 되겠다고 한다. 법 앞에서는 만인이 평등하다. 이 기회에 성역 없는 수사를 하겠다. 법의 공정함과 무서움을 알게 하겠다. 이 같은 소리는 내가 살면서 수백 번은 들은 말이다. 그러나 지금 우리 사회가 죄 없는 사람이 벌 받지 않는 사회인가. 서민들은 법에 대해 아무것도 모르면서 어떻게 법의 복잡한 그물을 안다고 할 수 있겠는가. 실제로 죄가 있고 없고는 상관없이 돈 없고 약한 사람은 법의 사각지대로 내몰리는 세상이다. 우리가 사는 지금의 세상은 권력과 돈 없이 살 수 있는 사람을 보호하지 못하며, 법이라는 것이 결코 법 없이 살 수 있는 사람의 편이 되지 못한다. 그러나 그곳도 입만 열면 하는 소리가 그 소리다. '법은 만인 앞에 평등하다'는 말.

듣기 좋은 꽃노래도 세 번쯤 들으면 듣기 싫다고 했다. 많은 사람이 관심 없는 말을 서른 번도 더 듣는다면 듣기 싫다 못해 질려버린다. 그런 사람 말을 듣고 있으면 "침묵은 현명함이 머무는 성전"이라는 마키아벨리의 말을 머리에 떠올리는 것조차도 부끄러울 지경이다. 아무리 말을 잘한다고 해도 신용 없는 말은 백번을 해도 소용없다. 실천이 따르지 않는 말은 차라리 하지 않는 것보다 못하다는 옛사람의 말을 명심해야 한다. 이제부터라도 나는 아무리 대화의 소재가 없고 할 말이 없더라도 저 사람은 '입만 열면 그 소리'라는 말은 듣지 않을 것이다.

말로만 하는 사랑

몸이 따르지 않고 말로만 하는 신앙은 참으로 공허하다. 사랑도 입으로 하는 사랑은 하늘을 떠다니는 구름처럼 언제 흩어져버릴지 모르는 것이기에 항상 허무한 것이다. 연인끼리의 사랑도 서로 시간이 없다는 핑계로 만나지도 않고 말로만 사랑한다면 사막의 신기루와 같다. 상대를 정말 사랑한다면 어떻게든 시간을 낼 수 있는 법이다. 하지만 사랑한다 하면서 시간을 낼 수 없다면 누군가 한 사람은 사랑하지 않는 것이다. 몸으로 나타내지 않고 상대를 사랑한다는 것은 순전히 거짓말이다. 서로 만나고 싶고 진심으로 사랑한다면 시간이란 저절로 만들어진다. 누군가를 진정으로 사랑해본 사람만이 그것을 안다. 이처럼 사랑도 언제 사라질지 모르는 무지개처럼 되지 않으려면 몸으로 실천하는 사랑이 따라야 한다.

우리 주변에는 가족들마저도 말로만 사랑하는 사람이 있다. 내 가족을 진심으로 사랑한다고 하면서 실제로는 그렇지 않은 경우가 얼마나 많은가. 어떤 단체에 가입해 봉사한다며 병든 노인들을 찾아가 목욕시키고 온갖 수발을 다 하지만, 정작 자기 부모에게는 온갖 불효를 저지르고도 그것을 부끄러워할 줄 모르는 것이다. 보육원을 찾아가 부모 없는 아이들을 돌보면서도 자기 아이는 말로만 사랑하는 것이 지금 우리 모습이다. 이처럼 우리는 가장 가까운 사람에게는 말이 먼저고, 생판 모르는 남에게는 위선이든 뭐든 몸이 따라가는 것이다. 그런 까닭은 죽으라고 남의 시선을 의식하기 때문이다.

사람은 자신의 말에 책임을 져야 하는데 요즘 사람들은 말이 가볍고 지키기 어려운 말을 너무 쉽게 한다. 먼저 말이 앞서고 자기의 감정에 따라 즉흥적이다. 사랑한다는 말이나 평소에 하는 말도 시작은 있지만, 결과는 없고 모래에 뿌린 물처럼 돌아서면 흔적이 없다. 예컨대, 도박에 중독된 사람이 가족을 돌봐야 할 절실한 상태에서 도박판에 앉아 다른 사람에게 나는 정말 가족을 사랑한다는 말을 한다고 하고, 술에 빠져 가족을 내팽개친 사람도 자기는 가족을 정말 사랑한다고 하면 그것을 어떻게 받아들여야 할까. 책임질 일 없다고 그저 말로만 하는 사랑을 우리는 너무 많이 하고 있다.

남에게 인정받기를 바란 나머지 이런 사람이면 좋겠다는 타인의 기대에 따라 사는 거라면 진정한 자신을 버리고 남의 인생을 사는 것이다. 이렇게 참사랑과 말로만 하는 사랑의 느낌을 혼동하는 사람은 자신의 행동이 위선인 줄 알면서도 스스로 최면에 걸린 것처럼, 자기기만을 넘어 자기부정까지 하는 것이다. 그런 사람의 행동 속에서 사랑의 증거는 한순간도 찾기 어렵다. 말로 하는 것이라면 무엇인들 못 할까마는 이것만은 꼭 기억해야 한다. 세상은 사랑을 몸으로 실천하는 자의 것이라는 사실을.

이제 우리에게 사랑할 시간이 그리 많지 않다. 그것을 알고 나에게 한정된 시간을 기억한다면 지금 삶을 최대한 충만하게 살려고 노력할 것이다. 진정한 사랑은 말로 하는 것이 아니다. 사랑을 받기만 한 사람은 사랑하는 사람을 절대로 이기지 못한다. 말로만 사랑한 사람은 사랑을 실천하며 사는 사람에게 늘 신세를 지고 있으며 자기 모습이 다른 이에게 비웃음이 되는 사실도 모른다. 진심이 담기지 않은 채 의식적으로 사랑하면, 사랑보다는 그 의식이 더 드러나 상대의 마음을 온전하게 얻지 못할 뿐만 아니라 잘못하면 상처 줄지도 모른다. 어느 시인의 말처럼, 한 개의 기쁨이 천 개의 슬픔을 사라지게 하려면 천 마디 말보다 행동으로 보이는 한 번의 사랑이다.

말과 사람

  우리는 수많은 사람과 뒤섞여 함께 살아야 하며 서로 간의 관계는 인간생존의 핵심이다. 나는 그 과정에서 가장 어려운 것이 말이라는 생각에는 변함이 없다. 모든 시작은 입에서 나오는 말에서 시작되는 것인데 자동차로 본다면 시동을 걸어 차를 움직이게 하는 열쇠와 같은 것이다. 그것이 없으면 차는 그냥 서 있는 고철 덩어리일 뿐이다. 말이란 자동차 시동을 거는 것처럼 어느 무리의 테두리 안에서 누군가 말을 하면 전선에 전기가 흐르듯, 좋든 싫든 주변의 눈과 귀로 전해질 수밖에 없다. 전해지는 말의 옳고 그름은 본래 절대적인 경계가 없고 우리 개개인이 분별하고 판단할 수 있는 일이 아니다. 하지만, 우리는 자기 생각에 따라 모든 것을 자기 기준으로 판단하는 까닭으로 그것이 문제가 되는 것이다.

  같은 말이라도 듣는 사람이 어떤 상황에서 어떻게 이해하느냐에 따라 수많은 갈래의 해석을 하게 마련이다. 어떤 경우에는 아무런 생각 없이 내뱉은 말이 다른 사람의 귀에 들어가서는 전혀 다른 의미로 바뀌는 일도 있다. 말에 자기 생각이 덧붙여져 와전되는 것이다. 그런 이유 때문이라도 우리가 말을 한 다음, 조용히 자기가 한 말을 되새겨볼 줄 안다면 아마 이것보다 더 나은 공부는 찾기 어렵지 않을까 싶다. 부주의한 말을 내뱉거나 잘난 척하는 것, 다른 사람의 생각을 존중하지 않는 것, 다른 사람의 이해를 구하려 하지 않는 것, 툭하면 남을 가르치려 드는 것, 이 모두가 상대의 반감을 불러일으키는 일이다. 그러면 상대가 다른 사람에게 말을 전하며 그 안에 자신의 사적 감정이 실리게 되는 것이다.

말로 인한 상처는 다른 어떤 것에 입은 상처보다 더 아프다. 사람은 저마다 자신이 가진 한계가 있게 마련이고 도저히 피하지 못할 일도 있다. 거친 말의 파장으로 내가 괴로운 일을 당하거나 뜻하지 않게 상대에게 괴로움을 주는 일은 우리가 몰라서 그렇지 부지기수다. 같은 말을 해도 어떤 사람에게는 기쁨이 되고, 다른 어떤 사람에게는 슬픔이 된다. 사람은 일상에서 상대와 주고받는 말 가운데 그 사람 삶이 녹아드는 것이다. 우리 인생이라는 것도 대부분 그런 하루하루가 쌓여 만들어지는 것 아닌가. 말 때문에 상처받고 괴로운 일이 있더라도 내가 온전히 깨어 있다면 느끼는 괴로움이나 두려움은 그것을 정면으로 바라보는 순간, 이미 그것은 괴로움이 아니다. 민얼굴의 당당함으로 그런 상황과 맞선다면 괴로움이나 두려움은 내 앞에서 맥을 추지 못할 것이다.

어떤 힘든 상황이 와서 우리 어깨를 짓누를 때라도 어떻게 방법을 찾지 못할 때, 우리는 무엇에 의지하여 버텨낼 수 있을까를 생각하곤 한다. 어쩌면 자기에게 닥친 괴로운 일이 사람을 시험하는 것인지도 모른다는 생각으로 어려움을 참아내는 것은 일종의 경지라 할 수 있다. 왜냐하면, 자신이 생각할 때 억울하게 고통에 빠져 힘든 경우라도 그것이 아무 가치 없는 일이라고 할 수는 없고 거기에서 의미를 찾아야 하기 때문이다. 어떤 사람은 힘든 고통의 무게를 이기지 못하고 자포자기해서 나쁜 길을 선택하기도 하고, 또 다른 사람은 그런 상황 속에서 사람을 대하는 새로운 방법을 배운다. 이로 인해 도량이 훨씬 더 넓은 사람으로 다시 태어나기도 한다.

그런 의미에서 법등명(法燈明) 자등명(自燈明)이라는 부처님 말씀은 나에게 변함없는 등불이 될 것이다. 거기에 내가 바라는 것은 내가 앞으로 이 글을 쓰는 과정에서도 나 스스로 자기기만이나 자기 위안에 빠지지 않도록 경계하는 마음을 잃지 않는 일이다.

머리에서 가슴으로

　세상에서 가장 먼 길은 머리에서 가슴까지 가는 길이라고 한다. 그 길은 누구나 갈 수는 있지만 그렇다고 아무나 쉽게 갈 수 있는 길은 아니다. 게으른 걸음으로는 평생을 걸어도 갈 수 없는 어렵고 먼 길이다. 그래도 나는 아무리 먼 길이라고 해도 어쩌면, 평생 가지 못한다 해도 그 길을 가고 싶다. 왜냐하면, 가슴으로 내려오지 못하고 머리에서 급하게 나오는 말 때문에 다른 사람과 가족을 아프게 한 적이 수없이 많기 때문이다. 생각이 머리에만 머물러 그것이 말이 될 때는 먼저 입 밖으로 쉽게 튀어나오지만, 가슴에 머물게 되면 속에서 돌아 나오느라 더디게 나온다. 나에게 그것은 더 없는 바람이다. 그렇게 되새김해서 나온 말은 남을 아프게 하지 않을 것이고, 속에서 오랫동안 머물다 나오기에 아무래도 실수가 적다.

　분노 섞인 말이 속에서 머무는 시간 동안 중화되어 독기가 빠져버린다는 걸 알지만, 자제력 없이 바쁘게 말하는 고질병 같은 것을 짧은 시간에 고치기는 어렵다. 그러기 위해선 아무 때나, 무엇에나, 걸러지지 않은 말을 한마디 해야 한다고 나서는 습관적인 버릇이 없어져야 하는데 그것이 보통 어려운 게 아니다. 가슴으로 내려온 말에는 진정성이 있고 진정성이 있어야 드러나는 표현이 자연스럽다. 진정성 없이 하는 말은 자신과 남을 속이는 일이기도 하지만, 나오는 순간 얼마 못가 힘을 잃어버린다. 남이야 잠깐은 속일 수 있을지는 몰라도 말속에 진정성이 있고 없고는 듣는 사람이 먼저 아는 법이다. 가슴으로 내려와 숙성되어

나온 말은 한 번을 울어도 길고 크게 울리는 종소리처럼, 듣는 사람과 하는 사람 마음이 서로 공명(共鳴)하는 것이다.

"말이 망치가 되어 뒤통수를 칠 때, 무심한 한마디 말이 입에서 튀어 나올 때, 입은 얼마나 무서운 구멍인가" 시인 천양희의 입이라는 시 한 구절이다. 혀는 칼보다 무섭다. 칼에 베이는 상처보다 혀로 베는 상처가 더 아프다. 칼에 베인 것이야 세월이 가면 저절로 아물지만, 혀에 베인 상처는 오래도록 아물지 않고 그것을 생각할 때마다 마음 쓰리다. 그러나 가슴에서 나온 말은 언제나 사람의 마음을 어루만지고 울림은 크다. 우리가 조금만 신경 쓴다면 머리에서 가슴으로 내려오는 그 시간 어떤 물질의 성분이 달라지거나 시간의 체로 찌꺼기를 걸러내는 것과 같은 느낌이 들것이다. 그렇게 뜸 들인 다음 가슴에서 나온 말은 군더더기가 덜하고 간결하기에 언제나 힘이 세다.

여자 친구의 말 때문에 아무 곳에 불을 지른 방화범도 처음부터 난폭한 청년은 아니었을 터이다. 아마, 말에 대한 상처가 아니었다면 불을 지르는 행동을 하지 않았을지도 모른다. 우리 서민이 정치인에 대해 기대가 멀어지는 첫째가, 말에 대한 신뢰가 없고 자기가 한 말에 책임지지 않기 때문이다. 아무리 화려하게 말을 잘해도 소용없다. 진심이 담긴 말이 아니면 말을 할수록 자신을 갉아먹는다는 것을 알아야 한다. "직언도 좋고 솔직한 말도 좋다. 신중한 말도 좋고 말하지 않는 것도 좋다. 말하는 데 있어 통일된 법칙은 결코 없지만 한 가지 불변하는 것은 바로 '정성(精誠)'을 근본으로 해야 한다는 것이다." 〈대학〉에 있는 말이다.

말을 잘하고 싶다는 섣부른 욕망은 진실된 말을 하는 데 장애물이다. 자신 없는 말을 하면서도 남들 앞에 부끄러워하지 않거나, 항상 멋진 말을 해야 한다는 마음은 더 큰 장애물이다. 누구나 말을 완벽하게 하려고 하지만, 이런 생각에 마음이 얽매이는 것은 진실한 말을 가로막는 일이다. 실천이 따르는 말은 언제 들어도 힘이 있는 것은 약속을 지킬 수 있기 때문이다. 예나 지금이나 말에 관한 가르침은 넘쳐나지만, 내가 아무리 좋은 말을 머릿속에 담아두었더라도 가슴으로 내려오지 못하면 무슨 말을 해도 그저 허공을 향한 독백일 뿐이다.

범종소리 같은 말

　세상에서 가장 말 잘하는 사람은 자기 말을 하는 것이 아니라 남의 말을 들을 줄 아는 사람이다. 좋은 말을 잘하는 것이 지혜라면 상대의 말을 들을 줄 아는 것은 사랑이다. 노자(老子)에도 "많이 아는 사람은 말하지 않는 사람"이라고 했듯이 참된 말은 흐르는 물처럼 낮은 곳으로 향하는 것이다. 그런데 사람들은 그것과 거리가 멀어도 한참 멀다. 아래로 흐르지 않고 오히려 흐르는 강물을 거슬러 올라가는 것을 잘하는 것으로 알고 남에게도 자랑으로 여긴다. 요즘 사람들은 일상에 쌓인 스트레스를 먹는 것과 이야기하며 떠드는 것으로 푼다는 이야기를 자주 듣는데 바로 그것이 물결을 거슬리는 일이다.

　나도 한때는 그런 줄 알았다. 그런데 시간이 갈수록 진정으로 스트레스를 푸는 일은 말하지 않고 침묵함으로써 속을 비우는 것임을 깨닫는다. 많이 먹으며 입으로 말을 쏟아낼 때는 스트레스를 푸는 것 같다. 그러나 배부르게 먹고 실컷 떠들고 나서 집으로 돌아와 혼자가 되면, 가슴에 구멍이 뚫린 것처럼 더 허전하고 외로움 느낄 때가 많다. 쓸데없는 말을 많이 쏟아낸 날일수록 더 그랬다.

　겨울 깊은 산 절을 찾아가면 사람 흔적 없는 주변 산과 하늘을 보고 쩽하도록 맑은 기운을 느낄 때가 있다. 그런 풍경을 만날 때마다 늘 바라는 것은 나도 이처럼 맑은 기운으로 살 수 있었으면 하는 생각이다. 언젠가 아무런 생각 없이 주변을 서성이다 범종각(梵鐘閣)에 매달린 육중

한 범종과 마주하는 날이 있었다. 그냥 별다른 생각 없이 한동안 종을 바라보았다. 그날따라 여태껏 무심히 바라보던 종이 어느 순간 또 다른 의미로 내게 다가왔다. 속을 비운 엄정한 자기 비움에 그만 마음이 숙연해지는 것이다.

그러다 저녁 무렵 종각에서 스님이 치는 종소리를 들으며 저리도 크고 무거운 쇳덩이도 제 몸이 비어있기에 한 번의 울림에 그토록 맑고 아름다운 소리가 나오지 않을까 싶어 비움의 위대함을 느끼게 된 것이다. 멀리 퍼져나가는 종소리를 들으며 말이라는 것도 듣는 사람의 가슴을 울리는 이치는 범종과 조금도 다르지 않았다. 뭔가 안을 채우고 있으면 소리가 나지 않을 것이고 나더라도 둔탁한 소리는 나겠지만 맑은 소리는 들을 수 없을 것이다. 우리가 하는 말도 제 속을 비워야만 울림이 크다는 사실을 범종 소리를 들으며 깨닫는다. 한참을 울리는 그 소리가 그날따라 새삼스럽게 다가왔다.

이만큼 비우면 이만큼 채워질 것이고, 저만큼 비우면 저만큼 채워진다는 사실과 그보다 더 많이 비우면 완전한 평화를 가슴에 채울 수 있다는 사실. 그러면 상대를 향해 밖으로 나오는 말도 범종 소리처럼 전해진다는 것을, 내가 범종이 되어 그 마음 안으로 들어가 보면 알게 될 것이다. 우리는 필요 없는 사색을 하지 않아야 한다는 사실을 알기 위해서라도 사색해야 한다. 마치 침묵을 의식하기 위하여 소리가 필요한 것처럼 말이다. 말할 수 없는 것에 침묵해야 하고 말할 필요가 없는 것에도 침묵해야 하는 이유도 침묵할 수 있는 사람만이 제대로 말할 수 있는 사람이기 때문이다.

마음을 열고 보면 세상 어느 것 하나 스승 아닌 것이 없다 했는데, 그동안 스쳐만 보았고 한낱 허공에 매달린 소리 나는 쇳덩이로 생각하던 범종이 내가 바라보는 그 시간 또 하나의 스승이 되어 나를 가르치는 것이다. 산사에 해 질 무렵, 멀리 퍼지는 범종 소리를 들으며 깨닫는 것은, 입에서 나오는 말이 진정한 마음의 소리를 내려면 범종처럼 먼저 내 속을 비워야 한다는 것을.

선거 때 후보자의 말

 선거 때가 되면 후보자 된 사람(특히 국회의원)에게서 자주 듣는 소리가 있다. "저의 오랜 국정 경험을 바탕으로 국민에게 봉사하겠다."라는 말이다. 사실 그런 국정 경험이라는 것이 국민에게 어떤 이로움을 주는지 모른다. 후보자가 가진 경험은 우리와는 아무런 상관없다. 그것이 자기가 하는 일에는 도움이 되겠지만, 일반 국민에게는 아무짝에도 소용없는 일이다. 그런 경험이 우리에게 이득을 주는 것을 보지 못했고, 앞으로도 무엇을 가져다줄지도 모르겠다. 나는 우리 사회에서 정치인만큼 말을 쉽게 하는 사람을 보지 못했다. 정치하는 사람 대부분은 왜 그리도 입이 가벼울까.

 그 말에 번번이 속고 실망하면서도 선거 때만 되면 '혹시나' 하는 마음에 후보자 말에 귀 기울이는 것이 대다수 서민이지만 선거가 끝나고 돌아서면 '역시나'이다. 자기가 한 말에 약속 지키지 못할 줄 뻔히 알면서도 자신의 알량한 권세와 이익을 위해 국민을 속이는 일은 부끄러운 일이다. 정치인의 마음가짐이란 무슨 경험이란 것에 앞서 국민을 사랑하는 마음이 먼저 아닌가. 그들의 그런 경험이야 배우고 쌓으면 된다. 그러나 사랑하는 마음(愛民 精神)은 배운다고 되는 게 절대 아니다. 그러니 마음에서 우러나오지 않은 말로 한 그들의 약속은 길어야 삼일도 아니고 기껏해야 삼십 분이다.

 후보자는 자기가 쌓은 경험을 자랑삼아 이야기하지만, 그 안에 진정성이 담겨있지 않으면 오아시스 없는 사막일 뿐이고 빛 좋은 개살구다. 정치인이나 목민관의 진정한 사랑이란 백성이 비 맞을 때 우산을 씌워주는 사람이 아니라 함께 비 맞는 사람이어야 한다. 당선되어 목적을 이루고 나면 과연 그들이 그렇게 할 수 있을까. 오늘 한 말이 내일도 지켜질지는 두고 봐야 하겠지만 아무리 생각해도 그렇지 않을 것 같다. 왜냐하면, 그동안 선거만 끝나면 냉정히 돌아서는 그 모습을 너무 많이 보아왔기 때문이다.

후보자에게 바랄 게 있다면 비록 국민을 사랑하지 않더라도 자기 실속 챙기고 나면 국민에게 자랑하던 풍부한 정치 경험을 자기들 싸움에나 사용하지 않았으면 싶다. 민생은 내팽개친 채 자기들 밥그릇 싸움으로 아귀다툼하는 정치인 모습을 이제 더는 보고 싶지 않다. 대개 그런 정치인들은 거울에 비치는 제 모습을 보고 짖는 개와 같다. 거울에 비친 모습이 자기가 아니라 다른 개라고 생각하고 맹렬히 짖어대는 것이다.

가짜와 진짜는 종이 한 장의 차이다. 가짜가 오히려 더 진짜 같아 보인다. 선거나 무슨 일만 있으면 우리 정치인 누구나 "이번만큼은 반드시 약속을 지키겠다"며 외쳐대는 모습이 진짜와 똑같아 보인다. 하지만 자기 속셈을 차리고 나면 금세 가짜로 되돌아가는 모습에 실망하는 정도가 아니라 절망하게 된다. 마음은 간데없고 몸의 실천 없이 입으로만 호랑이를 잡겠다고 하는 정치인은 나중에는 고양이마저도 잡지 못하는 꼴을 참 많이도 보았다. 어쩌다 한 번이라도 연예인과 같은 직업적 정치꾼보다 국민과 함께 세상을 이끌어가는 진정한 정치인을 만났으면 좋겠다. 흔히들 자기는 뒷전이고 서민을 위해 희생하겠다는 말을 자주 하는데, 이것이야말로 자기기만 아닌가.

그런 정치가가 되는 길로 들어가려면 반드시 통과해야 할 현관(玄關)이라는 게 있다. 그 현관 앞에 서기까지 많은 노력이 필요하겠지만, 존경받는 지도자가 되려는 사람은 겸손한 마음으로 그 앞에 서야 한다. 문을 여는 법은 아무도 일러줄 수가 없다. 스스로 깨달아야 하고 제 손으로 직접 열고 들어가야 하는데, 나는 아직 그런 사람을 한 번도 보지 못했다. 자기가 한 약속을 성실히 지키는 것은 사람의 기본적인 도덕성이다. 그것은 한 사람이 바로 서기 위한 뿌리이기도 하다.

말을 잘못 전하면

우리는 자기가 보고 들은 말을 남에게 전할 때는 올바른 방식으로 전해야 한다. 거기에 말을 보태거나 줄이는 것은 더욱 안 될 일이다. 들은 말을 내 기준으로 윤색해서 처음과 뜻이 달라졌다면 그것은 더 위험하므로 때늦기 전에 바로잡아야 한다. 그 일을 게을리 해서 말이 떠돌다 고양이가 호랑이가 되고 호랑이가 고양이로 변하는 상황이 되면 그야말로 낭패다. 말이 잘못 전해지는 것은 분란을 일으키는 가장 큰 원인 중에 하나다. 별생각 없이 덧붙여 한 말도 처음과 전혀 다르게 변하여 다른 사람에게 전해지면 나중에 수습이 어려울 때도 있다. 그것이 글도 마찬가지인 것은 서로 표현방식이 다를 뿐 경계해야 할 것은 똑같기 때문이다.

비유될는지 모르지만, 우리가 국어 시간에 배워서 아는 "아버지가 방에 들어가는 것과 아버지 가방에 들어가는 것"의 차이는 하늘과 땅이다. 글자 수는 변하지 않았지만, 표현 방법에 따라 띄어쓰기 하나만 잘못되어도 이처럼 달라진다. 잘못 전달된 말도 글처럼 위험하기는 마찬가지다. 글은 인쇄되기 전 수정하고 지울 수도 있지만, 말은 한번 뱉으면 도로 담을 수 없다. 내가 가장 좋아하는 말 가운데 "중요한 말은 유언과 같이 하라"는 말이다. 유언은 두 번 세 번 반복할 수 없으니 그만큼 신중해야 한다는 뜻도 되겠지만, 사람들의 말이 오죽 가벼우면 이런 비유까지를 들어 우리를 가르치려 했을까 싶다.

내가 한 말이 돌아다니다 칼이 되어 내게로 되돌아온다면 그것만큼 안타까운 게 없다. 자기는 누군가가 방에 들어간다고 했는데, 잘못 전해 들은 이가 그가 '가방에' 들어간다고 했다는 난감한 일을 겪은 일이 있을 것이다. 나는 글 쓰며 이와 비슷한 일을 겪었다. 표현이 애매한 글은 읽는 사람 마음에 따라 해석이 달라지는 것이다. 그러면서 문법 사용이나 간단한 단어 하나라도 살펴가며 조심하게 된다. 글이 인쇄되어 책으로 변해 이미 객관물이 되었을 때는 고치기 어렵다. 하물며 말이라는 것은 살아있는 생물과 같아 처한 상황에 따라 모습을 달리하는 것이기에 더 신중히 해야 한다. 내가 한 말이 잘못되어 남을 아프게 했다면, 그 말은 어김없이 내게로 되돌아와 나를 겨누게 된다는 사실을 나는 요즘 명심하고 산다.

우리가 세상을 살며 말 때문에 생기는 불화가 얼마나 많은가. 사람의 많은 재앙 대부분은 혀끝에서 나오는 것이라 했다. 예컨대 '아' 다르고 '어' 다르다는 말같이 내가 보고 들은 대로 올바른 방법으로 전하지 못하면 남에게도 바른말을 전달받지 못한다. 성화의 횃불이 다음 주자에게 차례로 이어져 성화가 타오르는 것처럼 말도 그렇게 정직한 모습으로 이어져야 한다. 그러면 세상은 말 때문에 요동치던 거친 파도가 잦아들어 호수처럼 잔잔한 제 모습을 보일 것이다.

그러나 만약, 이도 저도 안 되면 아예 입을 닫는 것이 좋다. 언어의 절대적인 사용법에는 침묵도 또 다른 말의 한 가지 형태이기 때문이다. 어쩌면 이같이 침묵은 말의 통로에 설치된 찌꺼기를 거르는 거름망 같은 역할을 할지도 모른다. "마음이 안정된 사람은 그 말이 무겁고 조용하며, 안정되지 못한 사람은 그 말이 가볍고 빠르다."라는 근사록(近思錄)의 가르침을 기억해야 한다. "약속을 쉽게 하고 말이 가벼운 것은 나중에 그 약속을 지키지 않겠다는 것과 같다."라는 옛 선인의 가르침도 우리가 깊이 생각해볼 일이다.

말의 선택

　말이란, 하는 사람의 이야기를 듣는 사람이 이미 다음에 이어질 말을 알고 있다면 시골 장터에 약장수 말과 다름없다. 그것은 말의 선택이 잘못된 것이다. 우리가 읽는 소설책도 첫 장을 열어 몇 페이지만 읽어보면 다음 이야기가 그려지고 결말을 대충 가늠할 수 있다면, 읽는 사람은 책을 덮어버린다. 반대로 앞을 내다볼 수 없이 계속 흥미롭다면 그 책은 끝까지 읽는다. 입으로 하는 이야기도 이와 똑같다. 우리가 어릴 적에도 할머니 이야기가 재미나면 눈을 말똥거리며 귀를 세우고 듣는다. 하지만, 한두 번 들은 이야기는 하품이 나고 지루해서 저절로 눈이 감긴다. 어린아이도 그러한데 어른들은 오죽할까. 학생들도 선생님이 같은 이야기를 계속 반복한다면 선생에 대한 신뢰가 떨어지고 만다.

　이런 사실을 알면서 이미 써먹은 이야기를 수도 없이 반복한다면 그것은 이야기가 아니라, 말의 공해다. 사람들이 싫어하는 것 중 하나가 한 번 한 얘기를 또 하는 반복의 지루함이다. 어떤 경우에는 비슷한 것의 진부함을 우선 모면할 생각으로 거기에 모양과 순서만 살짝 바꿔 포장된 것도 있다. 들어보면 한 가지도 새로울 것 없는 그 말이 그 말이다. 그것을 알고 나면 말하는 사람이 한심하다는 생각이 들 때도 있다. 그런 빤한 것의 반복은 더 견디기 어려운 지루함이고 때로는 짜증스럽다. 내 주변에도 그런 사람이 많다. 작년에 한 말 올해도 하고, 지난달 한 이야기 오늘 또 하면서도 자기만 모른다. 말하는 그에게 이미 들은 이야기라고 말해줄 수도 없고, 해봐야 소용없는 일이다. 귀를 막지 않는 한 들어야 하는데 이제 그것은 지루함을 넘어 고통에 가깝다.

 반복의 익숙함과 편함을 무시할 수는 없지만, 그것이 도를 넘으면 화가 될 수도 있다. 본인은 아무리 힘주어 말해도 여러 번 반복되어 감동 없는 말은 사람 마음을 움직이지 못하고 오히려 말하지 않은 것보다 못하다. 나는 이 같은 일을 계속 겪으면 은근히 화가 난다. 왜냐하면, 그 사람이 기억력이 없어서 했던 말을 반복하는 것이 아니다. 언제라도 자기가 하는 말은 사람들이 귀 기울여 듣고 공감할 것이라는 혼자만의 생각에 빠져 남의 처지를 생각하지 않기 때문이다. 설령 그렇더라도 사람들에게 하는 말에 메시지 전달만큼은 분명해야 하는데 그것마저 기대하기 어렵다. 긴말을 혼자 중언부언하며 옆길로 빠지는 말투성이라 사람들은 핵심이 뭔지도 모른다. 중요한 것은 그런 말은 아무도 귀담아듣지 않는다는 것이다.

 말이란 듣는 사람이 그것을 어떻게 듣고 어디에 담아두느냐에 따라 말의 가치는 결정된다. 듣고 흘려버리거나, 듣는 즉시 뱉어버리거나, 그 순간 머리 끄덕이다 시간이 지나면 잊어버리거나, 아니면 가슴에 담아 오래도록 기억하기도 한다. 때로는 내가 무슨 일이 있을 때, 교훈과도 같은 그 말을 떠올리며 마음을 추스르고 가슴속 깊은 곳에 담아두기도 하는 것이다. 예부터 말 잘하는 사람치고 인자(仁者)가 없다는 말이 있지 않은가. 인자의 말은 번잡하지 않고 간단명료하다. 다만 실천하고 행동할 뿐이다. 이에 반해 학식을 자랑하기 좋아하는 사람들은 글이나 말이 번지르르하지만 살아 있는 영혼의 소리는 절대 울려 나오지 않는다. 죽은 활자와 메마른 소리만 난무할 뿐, 몸의 실천도 없다.

말 옮기는 사람들

　내가 책임을 맡은 산악회의 모임이 있는 날, 회원 한 사람에게 일의 진행상 잘못된 일에 대해 회원들에게 대신 해명해달라고 부탁한 일이 있었다. 그런데 부탁받은 당사자가 말을 잘못 전달했는지 사람들이 내 말의 본래 뜻과 다르게 해석하고 받아들이는 바람에 곤욕을 치렀다. 문제는 그 말을 두고 회원들 간에 해석이 두 갈래로 나뉘어 옥신각신하다 편이 갈라진 것이다. 결국, 회원들에게 말의 본뜻을 상세히 설명하고 오해는 풀었지만, 그 사람과는 그 일로 앙금이 생겨 지금까지 관계가 서먹하다. 말은 한번 뱉고 나면 엎질러진 물처럼 다시 담을 수 없음을 실감했다. 무엇보다 공개된 장소에서 여러 사람 앞에서 전달하는 말은 정말 신중해야 한다. 다른 사람에게 부탁하는 것은 더 그렇다.

　그 일을 통해 내가 직접 해야 하는 말을 다른 사람을 통해서 한다는 것이 정말 위험한 일이 될 수 있다는 걸 깨닫게 되었다. 많은 사람과 관계하다 보면 자연스럽게 어떤 경우든 말이 오가게 마련이다. 그러나 자기 목소리가 아닌 다른 사람 입을 빌리다 보면 말의 힘을 잃는다. 그런 말은 상하기 쉬운 음식처럼 쉽게 변질되는 것이다. 내가 생각했던 말이 다른 사람의 입을 통해 전해지면, 없던 말이 생겨 부풀리기도 하고 있던 말이 없어지기도 한다. 마치 살아있는 생명체처럼 상황에 따라 말이 달라지는 것이다. 어떤 경우는 핵심은 쏙 빠져버리고 곁가지만 떠돌다 다른 말이 보태져 터무니없는 말로 변하는 일도 있다.

이보다 더 두려운 것은 누군가 한 말을 두고 자기의 생각을 덧붙여 전달하는 경우다. 말을 주고받는 사람의 친분이나 성향에 따라 개인적 감정이 개입되고 이것에 또 다른 사람의 생각이 보태지면 그것은 이미 처음의 말이 아니다. 출처 없는 말이 되어 그렇게 떠돌다 우리가 말하는 '카더라'가 이런 과정에서 생기는 건지도 모른다. 다른 사람에게 말을 전할 때는 가득 찬 물동이를 이고 내리막길을 걷는 것처럼 조심해야 한다. 그러면 말 때문에 일어나는 수많은 분란을 사라지게 할 수 있지 않을까. 누군가 한 말에 자기 생각을 덧입히는 순간 그것은 말이 아니라 혀가 만든 독화살이 되어 사람들을 해친다. 말이 잘못 전달되면 반드시 분란이 생기고 화를 부르게 되는 것이다.

일본 영화감독 구로사와 아키라의 〈라쇼몽〉이라는 영화는 똑같은 사건을 서로 다른 네 개의 시간과 시선을 통해 보여주는 내용이라고 한다. 사무라이와 그의 아내, 산적과 나무꾼, 네 명의 인물이 같은 일에 대해 전혀 다른 말을 하는 것이다. 하나의 사물에 관해 이야기하는 것도, 보는 사람 시선의 각도와 관점에 따라서 서로 다르다. 하나의 사건에 대해 그것을 정당화하기 위해 재구성하는 '라쇼몽 효과'라는 말처럼 똑같은 상황에서 나오는 말도 입에서 나오는 순간 말하는 사람에 따라 각자의 생각이 덧입혀지면, 사건의 본질과 전혀 다르게 전해지는 것이다.

말은 마치 살아있는 변이생명체처럼 서로 다른 생명을 만들어가며 변신하는 생물과 같다. 그러니 누구에게든 어쩔 수 없이 말을 전해야 한다면 자기의 판단과 생각을 절대로 덧입혀서는 안된다. 그리고 자기 말을 다른 사람에게 부탁해야 하는 경우라면 되도록 짧게 말하되 말의 줄기에 곁가지를 만들지 않는 것도 말을 잘 전하는 방법이다. 왜냐하면, 군더더기가 되는 쓸데없는 말이 말의 본뜻을 가려버리기 때문이다. 그리고 나중에 말이 잘 전달되었는지를 그 말을 들은 사람을 통해 꼭 확인해야 한다.

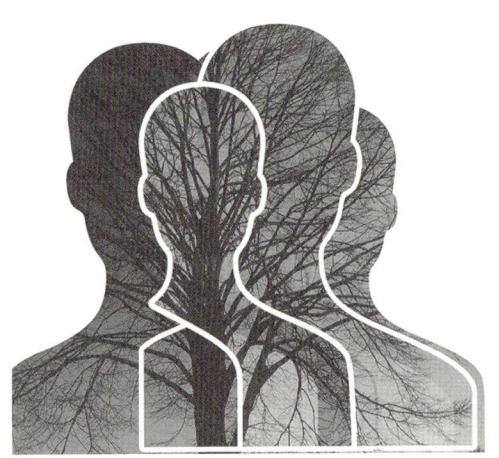

2부

늘 만나거나 혹은, 가끔 보는 사람들

내가 나를 볼 수 있다는 것만으로 자신을 알 수 있는 건 아니다.
다른 사람의 눈으로 볼 수 있어야 자신을 제대로 알 수 있다.

늘 만나거나 혹은, 가끔 보는 사람들

사람은 다른 사람을 통해 자신을 정의한다. 자기 자신을 아는 것은 모든 행동의 기초다. 그러나 내가 나를 볼 수 있다는 것만으로 자신을 알 수 있는 건 아니다. 다른 사람의 눈으로 볼 수 있어야 자신을 제대로 알 수 있다. 타인의 모습 안에서 자기를 보는 것이고 내가 항상 남이라고 생각한 것에 내 뿌리가 있음을 아는 것이다. 무엇보다 내가 그들을 보고 있는 시간, 그들 역시 나를 보고 있다는 사실을 기억해야 한다. 그리고 세상의 균형은 어느 것에든 한쪽으로만 기울지 않는다는 것을 깨닫는 것도 자신을 바로 세우는 일 가운데 가장 중요한 깨달음이다.

숭산 스님이 쓴 책 중에 이런 글이 있다. "감자를 깎을 때 미국 사람들은 감자를 하나하나 깎는다. 그러나 내가 어렸을 때 한국에서는 큰 고무대야에 감자를 담아놓고 마구 비벼서 감자들이 서로 껍질을 벗겨내도록 한다. 그뿐만 아니라 다른 감자의 행동으로 자기의 껍질을 벗겨지게 하는 것이다. 감자를 하나하나 깎는 것보다는 쉽고 빠르다. 이것이 바로 다른 사람의 거울로 내 업을 녹여내는 것이다."

이 글을 보고 내가 하고 싶어 하는 말이 무엇인지 독자들은 먼저 알아챘을 것이다. 나 또한 수많은 감자 중에 하나이고 내가 글 쓰는 일도 감자를 씻는 일과 비슷하거나 어쩌면 같을지도 모른다. 내가 자주 만나거나 관계하는 사람, 나와 함께 일하는 사람, 여러 곳을 오가며 내가 보는 사람, 나는 그들의 삶의 모습을 내가 본 대로 느낀 대로 글을 썼다. 그

가운데 많은 글은 남의 이야기를 한다고 했지만 실은 내 이야긴지도 모를 일이다. 시인이자 철학자인 가스통 바슐라르는 "내면 가장 깊은 곳에서 스스로에게 말을 거는 것은 인간이 자신에게 줄 수 있는 가장 값진 선물이다."라고 했다. 나는 내 속 깊은 곳에 숨은 또 다른 나와 수시로 말을 걸며 대화를 하는 편이니 나 스스로 많은 선물을 주고받는 셈이다.

싸움 구경하는 사람들

　내가 참여하는 단체의 인터넷 카페 회원들 사이에 어떤 문제가 생기면 때로는 다툼이 일어나곤 한다. 어떤 날은 서로 간의 의견 충돌이 생겨 고성이(인터넷상에서 그렇게 느껴짐) 오갈 때도 있다. 서로 자기주장을 굽히지 않을 때면 분위기가 다소 험악해지기도 하고 카페에 올라오는 글이 거칠어져 위험수위를 넘나들며 아슬아슬할 때가 있다. 그런 상황이 되면 카페 분위기가 처음과 달라졌다며 이제 방문하기 싫다는 등 여러 사람에게서 걱정스러운 댓글이 올라온다. 개중에는 싸우는 당사자들보다 더 거친 말을 하는 사람도 있고 서로를 화해시키려고 애쓰는 사람도 있다. 하나같이 들어보면 모두 맞는 말이다. 그러나 내가 볼 때는 저들끼리 싸우다 화해를 하든, 더 멀어지든, 다 자기들 일이니 그냥 내버려 두었으면 싶다.

　카페를 방문할 때마다 즐거운 일과 새로운 소식들만 있고, 반가운 사람들만 만나고, 감동적이고 엔도르핀이 솟는 글을 읽는다면 얼마나 좋겠는가. 이렇게 좋은 쪽으로 생각하는 사람들이 많겠지만, 카페는 다양한 성향의 사람이 모이는 곳이다. 그러니 어떤 일을 두고 여러 의견이 나오는 것은 당연하다. 이런 가운데 의견 충돌이 있을 수도 있고 서로의 주장이 양보 없는 평행선을 달리다 더러는 서로 안 볼 것처럼 싸울 때도 있다. 그러다가 나중에는 화해하고 더 가까운 사이가 되기도 한다. 사람이 사람답고 아름다운 모습은 어떤 것에 위선 떨지 않는 것이다. 지나치지만 않다면 무엇이든 솔직하게 말하고 행동하되 그 일에 희로애락의 모습이 함께하는 것이 보통사람의 모습 아닐까.

　사람 없는 곳에는 소리도 나지 않는다. 반대로 많은 사람이 모이는 카페는 그 모습도 다양하고 저마다 성격이 다르기에 소란스럽기 마련이다. 그렇게 모여서는 저마다 자기의 개성대로 말하고 행동한다. 그러니 좋은 것만 찾다 보면 쉽게 찾기도 어렵지만, 만약 찾더라도 그것만 보다 보면 금방 지루해질 것이다. 아무리 맛있는 음식도 계속 먹으면 질리듯, 좋기만 한 것은 오래가지 못한다는 것을 경험을 통해 아는 일이다. 좋고 나쁨이 적당히 균형을 이룰 때 그 관계가 오래가는 것이다.

　사람들이 제일 좋아하는 구경거리 가운데 으뜸인 것은 "불구경과 싸움구경"이라는 말이 있다. 나 역시 그렇다. 꼭 그것을 보며 즐긴다는 뜻이 아니라 그만큼 사람의 호기심을 자극한다는 말이다. 떨어져 구경할 때는 자신에게는 아무런 일 없고 또, 안전하다는 생각에 스스로 위안을 느끼며 안도하는 것이다. 그것은 서로의 처지가 뒤바뀌어도 똑같은 생각을 하게 된다. 지난날 어느 교수가 민주주의를 이야기하며 "진정한 민주주의는 소리가 나는 곳이고 그 안에서 꽃피는 것"이라는 춘원 이광수의 말을 인용하며 이야기하던 것을 기억한다. 고인 물은 썩게 마련이지만, 소리 내며 흐르는 물은 절대 썩지 않는다.

　많은 식구가 복닥거리며 클 때도 동생이 형에게 대들며 싸우다 코피가 터지기도 하지만, 그러다 다시 화해하고 잊어버린다. 그러나 만약 바깥에서 동생이 누군가에게 맞고 들어오면, 누가 그랬냐며 뛰어나가는 형의 모습이 나에게는 늘 그리운 추억으로 남아있다. 그렇게 싸우며 큰 형제들은 나중에 서로 간의 아픔도 알고 우애가 남다르다. 좋은 환경에 형제 없이 큰 사람이 세상에 나가서 잘되고 못 되고를 떠나, 험한 세상을 살아가는 힘은 여러 형제와 부대끼며 산 사람의 경험을 이기지 못한다.

카페라는 곳도 다양한 모습의 사람들로 북적거리는 것은 마찬가지다. 나와는 다른 삶을 사는 사람, 나와 다른 생각을 하는 사람, 내가 가치라고 생각하는 것과 다른 가치관, 내가 이것이라고 여기는 것을 상대는 저것이라고 여기는 사람이 모이는 공간이라는 걸 잊지 말아야 한다. 내가 만난 사람과 겪은 일들이 내 속으로 들어와 서로 뒤섞이며 '나'라는 인간을 만드는 것이다. 그런 사람과의 일에서 격리된 나만의 정체성이란 있을 수 없다.

미국 하버드대학 총장이 졸업식 축사에 했던 말을 몇 자 옮긴다. "하버드 4년이 여러분에게 생각할 줄 아는 능력, 생각하는 힘을 인정하며 바른 논리와 사유에 입각한 토론으로 주변을 바꾸어 나가는 능력, 다수가 틀렸을 때는 다수에 외로이 맞설 줄 아는 능력을 길러주었기를 바란다." 나는 이곳 역시 이미 수많은 경력을 쌓은 사람들이 넘쳐나는 곳이라 이와 다르지 않을 것이라 믿는다.

나약한 사람들

　나쁜 짓 하는 아이를 꾸짖다 오히려 아이들에게 낭패를 당한 이웃을 두고 나름대로 의식 있다고 자처하는 사람 몇이 밥 먹는 자리에 모여 한다는 소리가 "자기 앞가림도 못 하는 주제에 무엇 때문에 저런 꼴을 당할까, 그냥 못 본척하지." 하며 빈정거린다. 나는 그 모습이 구역질이 날 만큼 보기 싫었다. 요즘은 막 나가는 젊은 사람 중에는 잘못을 나무란다고 부모 나이 되는 사람 멱살을 틀어쥐는 세상이다. 어른들의 못난 모습을 보고 자란 아이들은 잘못을 꾸짖는 어른을 어른으로 여기지 않는다. 그들은 자기 아이가 그랬어도 가만히 보고만 있을 사람들이다. 이런 어른들이 있는 한 우리 곁에는 비행 청소년들이 사라지지 않을 것이다. 이 모든 게 어른들의 자업자득이다.

　자기 앞가림 못 하는 것과 청소년의 잘못을 보고 그르다고 말하는 것을 주제넘은 일로 보는 사람은 자기 자식이 그렇다고 해도 방관할 것인가. 여럿이 모여 밥 먹으며 남을 비웃는 사람들은 자기 눈앞에서 그와 똑같은 일을 맞닥뜨린다면 모른 체 외면할 것이다. 다른 사람 앞에서 말로만 번듯한 그들을 과연 자식을 키우는 어른이라고 할 수 있을지 화가 치민다. 차라리 아무 말 않고 가만있기라도 했으면 좋겠다. 비록 자기 앞가림도 못 하는 처지라도 아이들의 옳지 못한 행동을 보고 나무랄 줄 아는 어른이 많을수록 우리 사회가 바로 선다.

　옳지 않은 일을 보고도 말하지 않는 것에는 여러 가지 이유가 있겠지만, 나서서 말하다 시비가 생겨 분란을 일으키는 것이 싫어서고, 아니면 자기와 상관없는 일에 간섭하기 싫어서일 수도 있다. 또 다른 이유는 나설 용기가 없어서다. 힘이 없으면서 말로만 힘자랑하는 것, 그것이 어리석은 사람의 힘이다. 잘못된 것을 보고 제때 말하지 못하고 뒤에 숨어 구시렁대는 것, 역시 나약한 사람 힘자랑의 전형이다. 작은 무리에서는 용감하지만, 사람이 많은 공개된 자리에서는 아무 말도 못 하고 꼬리 감추는 사람을 수없이 보지 않는가. 말해야 할 때 하지 못하고 침묵한다면 그런 침묵은 간데없는 나약함이고 비겁함이다. 그것은 자기가 자기에게 저지르는 한심하기 짝이 없는 죄와 같은 것이다.

작은 일에서조차 의리와 지조를 강아지가 부끄럽게 바꾸고, 지금의 이익과 자기과시를 위해 영혼을 파는 사람들이 널브러진 세상이다. 옳은 일을 위해 바른말 하는 사람이 비난받아야 할까. 잘못된 것을 보고 방관하지 않는 그들의 타협 없는 분노와 간섭을 우리는 손뼉이라도 쳐야 하지 않을까. 남들이 어려워하는 일을 자기 소신껏 하는 사람을 두고 비난하는 사람들은 자신은 하지 않으면서 남이 하는 것도 놔두지 않는다. 누군가가 나서서 그 일을 하려고 하면 그들은 찬물을 끼얹고 사사건건 트집 잡는다. 그래야만 자신이 유능하다는 것을 남이 알아주기라도 하는 양 절대로 다른 사람을 인정하지 않으며 쓸데없는 말만 떠든다. 남이 잘되면 눈꼴이 시어 험담하고 남이 못되면 그것 보라는 듯 고소해 한다. 이런 사람은 어떤 조직이나 단체는 말할 것도 없고 우리 사회에 필요한 사람이 아니다.

사내자식은 아버지를 보고 배우고 딸아이는 엄마의 모습을 보며 자란다고 했다. 그러니 이 사회의 아이들은 어른들의 모습을 보며 자라는 것이고 어른들의 행동을 따라 하게 되는 법이다. 그런 아이들이 지금 우리 모습을 보고 있다는 생각을 한다면, 내가 용기 있는 어른이 될 것인지, 아니면 나약한 모습의 어른이 될 것인지, 그에 대한 선택은 자기에게만 주어진 독자적인 기회다.

오만한 사람들

 사람이 자기 분수를 모르고 설치는 것을 빗대어 숭어가 뛰니 망둥이도 뛴다는 말이 있다. 또 뱁새가 황새 쫓아가다 가랑이 찢어진다는 말도 있다. 세상일 가운데 사람을 가장 황폐하게 하는 것 중 하나가 어떤 일을 두고 잘 알지 못하면서 아는 척하는 것이다. 옛말에 자기 분수를 아는 것은 만 가지를 있게 하는 힘의 근본이라 했다. 내가 나를 안다는 것은 세상을 살며 자신이 분수에 넘치는 것을 자제할 줄 알게 하는 사람됨의 기본이다. 인생이란 자신이 가진 실제 능력에 따라 살아야 한다. 가진 것 없이 오만한 마음으로는 사람들에게 무슨 소리를 해도 잠시일 뿐, 오랜 시간 자신의 능력을 숨길 수가 없다. 다른 사람 눈에는 그런 모습이 훤히 내다보이는 것이다.

 내가 가는 곳이 어딘지 모르고 간다면 결국 원하는 데로 가지 못하듯, 내가 하는 일이 자신과 남을 위해 떳떳하지 못하고 자긍심을 가질 수 없는 일이라면 그 일을 해서는 안 된다. 자기기만이나 은폐를 위한 일이라면 더욱 안 될 일이다. 자기 스스로 자기를 신뢰하지 못하고 남에게 인정받지 못하는 사람이 어떤 일을 한들 무슨 소용 있겠는가. 아무리 명분 있는 일이라 해도 좋은 결과를 기대하기 어렵다. 나의 삶은 나의 선택과 실천이다. 그러니 다른 사람과 같은 삶을 선택할 까닭이 없다. 모든 것은 나 자신이며 그런 나는 나 자신과의 일치, 화해와 사랑으로 완성되어야 한다.

세상에서 가장 큰 단점을 가진 사람은 약점을 가진 사람이 아니라 매사에 부정적인 사고를 하는 사람이라고 했다. 어떤 것이 싫다고 생각되면 싫어지고 좋다고 생각하면 좋아지는 게 사람 마음이다. 중요한 것은 싫다고 생각하는 사람은 싫은 이유를 기막히게 찾아내고, 좋다고 생각하는 사람은 좋은 이유부터 찾아낸다. 어떤 것에든 호기심을 가지고 선의(善意)의 의심은 부정적인 것과는 전혀 다르다. 편견과 고정관념 그리고 이분화 된 흑백논리의 덫에 걸린 사람이 문제다. 사지가 묶인 것은 금방 알지만, 생각이 묶여 답답하고 울타리 안에 갇힌 것을 깨닫지 못하는 것이다. 자신과 남에게 오만한 사람은 자기를 망가뜨릴 뿐만 아니라 함께하는 사람들마저 비속하게 만든다.

어떤 조직의 리더로 오랫동안 머물다 간 사람일수록 자기가 한 일에 대해 대단한 일을 한 것처럼 평가하고 남이 알아주기를 바라는 사람이 있다. 자기는 대견스럽게 생각할지 모르지만, 그런 일쯤은 그 자리에 있는 사람이라면 누구나 할 수 있는 일이다. 정작 중요한 것은 누구나 할 수 없는 일을 쉽게 할 수 있다면, 그것은 평가받을 일이다. 그러나 누구나 할 수 있는 일을 자기 스스로 과대평가하고 자화자찬하는 것은 자만과 오만을 넘어 어리석고 못난 사람들이나 하는 호들갑이다. 사람은 자기가 한 일을 객관적인 시선으로 볼 줄 알아야 한다. 대부분 자기의 일은 과대평가하지만 남의 일은 과소평가한다. 왜냐하면, 자기가 한 일은 확대경으로 보지만 남이 한 일은 축소경으로 보기 때문이다.

오만으로 덧칠한 사람이 자기 자신을 본다는 것이 어려울 것이다. 하지만, 때로는 한 번쯤 조금 떨어져 자신을 남 보듯 할 수만 있다면 틀림없이 전과 다른 모습을 보게 될 것이다. 그런 사람 대부분은 자기가 좋은 학벌을 가졌고, 돈이 많고, 아니면 남보다 잘생기고 건강하다는 이유다. 이 같은 것이 원인이 되어 오만해진 사람은 하는 행동에도 건방짐이 덧씌워져 있어 당장은 어떻게 해볼 도리가 없을 때가 있다. 그런 사람에게 하고 싶은 말이 있다. 자신의 처지와 비슷한 사람을 만나 그와 함께해보라는 말이다. 그런 다음에 상대를 거울삼아 지금 자신의 모습을 볼 수 있다면, 그동안 자신을 따라다니던 오만과 건방짐은 사라지게 될 것이다.

바쁜 사람들

얼마 전, 여성 몇 사람과 어떤 일을 맡아 순수하게 봉사한다는 마음으로 일한 적이 있다. 대가 없는 일이라 강제성이 있거나 꼭 해야 하는 일이 아니었다. 그래도 많은 사람 앞에서 일을 하겠다고 맡은 일이니 그 약속은 지켜야 한다. 반드시 좋은 결과를 가져와야 하는데 그러자면 여성들과 수시로 만나서 각자 맡은 일에 대해 서로 의견을 나누어야 한다. 장소는 정해놓은 곳이 있기에 문제 될 것이 없지만, 제일 어려운 것이 날짜와 시간 맞추는 일이었다. 마치 두더지 잡기를 하듯 시간이 맞으면 날짜가 안 맞고, 날짜가 맞으면 시간이 맞지 않았다. 이 두 가지뿐이라 그나마 다행이지만, 문제는 다섯 사람 모두 시간과 날짜를 맞추는 것은 무슨 통계나 확률을 산출하는 수학 문제처럼 정말 어려웠다.

나는 다섯 사람이 합의한 시간과 날짜에 무조건 따라가지만, 자칫 나까지 일정을 맞추는 일에 동참한다면 여섯 명이 된다. 다섯도 어려운데 여섯이 된다면 합의점을 찾는 확률이 더 복잡하게 되고 어쩌면 로또 1등 당첨 확률만큼 어려울지도 모른다. 일정을 정하는 날이면 다섯 명 모두 스마트폰을 들고 일정표를 두드리는 것을 보면 옛날 모습과 달라도 너무 다르다. 옆에서 들여다보면 휴대전화 일정표에는 쉬는 날 없이 약속된 표시로 빼곡하고 휴일은 더 바쁘다.

예전에는 모임을 약속할 때는 손가락으로 대충 꼽아보고 쉽게 정하곤 했는데, 우리가 언제부터 이렇게 변했나 싶다. 그러다 도무지 일이 풀리지 않는 날은 은근히 화가 난다. 그럴 때는 내가 날짜와 시간을 정해 버린다. 그러면 신기하게도 모두 그것에 맞추어 따라오는 것이다. 이것을 보면 사람이 얼마나 자기중심적인지를 알게 된다. 그렇다고 여성들을 나무라고 싶은 생각은 전혀 없다.

　세상이 왜 이리 바빠졌을까. 이렇게 수많은 사람이 무슨 일이 그리도 많을까. 심지어는 가야할 곳이 많아 한 곳에서 밥도 제대로 못 먹는 사람도 있다. 물 위에 떠다니며 꼬리만 살짝살짝 담그고 날아다니는 물잠자리 같다. 하루를 바쁘게 돌아다니는 사람은 군데군데 발만 담그고 눈도장 찍고 나서는 또 다른 곳으로 가기 바쁘다. 지켜보면 생계를 위해 그렇게 바쁜 모습은 아닌 것 같다. 생계를 위해 바쁜 것은 어떤 모습이라도 보기 좋은 법이다. 지금처럼 누군가에 등 떠밀리듯 바쁘게 사는 것이 자기에게 무엇을 가져다줄까. 그래야만 삶에 의미가 있는 것일까. 그것만이 자신의 정체성을 찾고 자긍심을 갖는 일이라면, 그런 사람은 그렇게 살 수밖에.

　현명한 사람은 그렇게 바쁘게 돌아다니다 보면 얼마 못 가 이곳이나 저곳이 모임의 형태만 조금씩 다를 뿐 모두 비슷하다는 것을 알게 된다. 이 사람 저 사람을 만나는 것도 다람쥐 쳇바퀴 돌리듯 결국에는 모두 다람쥐와 같다는 사실도 깨닫는다. 그러나 무심한 사람들은 그런 시간이 끝나고 사람들로 북적대던 무대에 불이 켜지면, 그때야 비로소 여태 내가 만나는 사람들이 어디서 한 번쯤 만났거나, 여러 번 만났거나, 아니면 날만 새면 만나는 사람들임을 알게 되는 것이다.

　아무튼, 실없이 바쁘게만 살았던 내 모습을 알기까지는 그리 많은 시간이 필요하지 않다. 공연이 끝나고 밝은 불빛에서 자신의 삶을 정면으로 마주할 때가 되면 그 시간, 진정한 내 모습을 보게 되고 나와 비슷한 다른 사람의 모습도 눈에 들어오게 된다. 한곳에 머물러 집중하지 못하고 여기저기 발만 담그고 다닐 때는 자신의 인생 밖에서 남들이 만들어 놓은 삶을 사는 것이다. 그 시간은 자신의 삶을 살지 않은 것과 같다. 인생 공부는 누군가가 가르치는 것이 아니라 자기를 스스로 깨닫게 하는 것만큼 훌륭한 배움은 없다.

제 발 저린 사람들

신문이나 인터넷 카페에 올라온 글을 두고 다른 사람은 아무 일 없는데, 어떤 이는 평소와는 다르게 유난히 예민한 반응을 보이는 사람이 있다. 대놓고 내색은 하지 않지만, 갑작스레 전과 다른 모습을 보이는 이유가 글 때문이라는 것을 느끼게 되는 것이다. 나는 그런 사람을 보면 참 안타까운 생각이 든다. 자기와 아무런 상관없는 것이라면 놀랄 일도 없고 신경 쓰고 볼 일도 아니다. 그런데도 유독 글을 두고 촉각을 곤두세워 반응하는 것은 그 글 안에 무언가 자기와 연관을 가지고 마음 켕기는 것이 있기 때문이다. "자라 보고 놀란 가슴 솥뚜껑 보고 놀란다는" 속담과 비슷하거나 아니면 도둑이 제 발 저린다는 말과 같을지도 모른다. 그러니 자기가 자라를 보고 놀라지 않았고, 도둑질하지 않았다면 표정이 변할 일도 없고 그런 것에 신경 쓸 일도 아니다.

예컨대, 죄지은 사람이 지나가는 순경을 만나면 고개를 돌려 다른 곳을 쳐다보며 나는 아닌 척하지만, 속으로 조마조마한 까닭은 자기 저지른 일에 대해 잘못을 알기 때문이다. 죄짓지 않은 사람이 죄 없는 척할 필요가 없는 것처럼, 남과 내게 자랑스럽고 떳떳하다면 누구를 만난다 해도 가슴 졸이거나 불안해할 이유가 없다. 길을 가다 순경을 만나도 평소처럼 아무런 생각 없이 그냥 지나치는 것이 보통이다. 만약 순경을 보고 불안하다면 자신이 지은 죄를 알기에 제 발이 저리는 것이다. 잠시 순경은 속일 수 있을지는 몰라도 자신은 영원히 속일 수 없는 법이다.

제 발 저린 사람을 두고 어떤 것에 비유하자면 이런 경우다. 상처가 없는 사람이라면 소독약으로 목욕해도 따갑거나 쓰린 곳은 없다. 반대로 군데군데 상처가 있는 사람은 소독약이 상처에 닿을 때마다 따갑고 쓰린 이치와 같다. 그것은 글이 소독약과 같은 역할을 하기 때문이다. 남의 시선에 떳떳한 사람은 어떤 일과 맞닥뜨려도 자신이 가진 것을 충분히 보여주는 사람이다. 복잡하게 생각할 필요도, 마음 졸이거나 긴장할 필요도 없다. 그냥 완전히 자신의 마음을 여는 것만으로도 매우 자신감 있는 행동으로 보이는 것이다. 자신감은 곧 자신이 남에게 꿇릴 것 없이 당당하다고 생각하는 자신에 관한 믿음이자 확신이다.

어떤 것에 제 발 저린 사람이란, 자기가 한 일이 떳떳하지 못하고 잘못이 드러날까 봐 스스로 마음이 켕기고 조마조마한 마음 상태다. 이런 사람들의 속성 중 하나는 이것을 계기로 스스로 정진하고 노력하여 새로운 인생 도약의 발판으로 삼아야 하는데, 그와 반대로 말이나 글을 쓴 사람을 두고 질시와 원망의 마음을 쌓아가는 것이다. 그러다 결국 제풀에 지치고 만다. 제 눈높이로 세상을 볼 수 없는 사람은 그 시간 자기 삶을 살지 않은 사람이다. 안타까운 것은 그런 사람이 나에게 전하는 거친 마음 하나하나가 내 삶에 매듭이 되어 옹이가 된다는 것이다.

지금 우리 주변을 둘러보면 여기저기서 제 발 저린 사람들이 너무 많다. 사회의 지도층이라고 자처하는 사람들과 정치인들의 또 다른 모습은 우리를 너무 실망하게 한다. 가족에 대한 일이거나 아들의 병력문제, 아니면 자기 사생활에 대한 일로 다리 뻗고 잠잘 수 있는 사람이 과연 몇이나 될까. 서민들에게 엄청난 돈을 사기 치고 달아난 도적이나 딸 같은 여성에게 성추행하고도 추행이 아닌 척, 술 취해 모른 척하는 사람들, 일일이 열거하지 않아도 알 사람은 다 안다. 요즘 TV를 켜면 이런 일들을 화제로 삼아 방송국마다 그야말로 야단법석이다. 그래서 나는 TV를 거의 보지 않는다.

법정 스님의 말씀대로 "우리가 할 수만 있다면, 보지 않아도 될 것은 보지 말고, 먹지 않아야 할 음식은 먹지 말며, 인연 만들지 않아도 될 사람은 인연 만들지 말라"는 스님의 말이 요즘 내 마음에 더욱 절실히 와 닿는다.

경쟁하는 사람들

　나는 평생을 두고 다른 누군가와 드러나게 경쟁이란 걸 해본 적이 없다. 그런데 요즘은 주변 가까운 사람들에게서 어떤 일을 두고 나와 경쟁한다는 느낌을 받는다. 내 뜻과 상관없이 나도 모르게 경쟁자가 생기는 것이다. 그들이 경쟁이라고 말하지 않으니 사실은 나를 비방하고 질시하는 것인지는 알 수 없다. 그러나 내가 경쟁이라고 생각하면 그럴 수도 있겠다는 생각은 한다. 상대의 행동을 선의로 받아들이되 그들에게 휘둘리지 않으려고 마음을 다잡아보지만, 나에 대한 견제가 도를 넘을 때는 그냥 모른 척하고 있기가 힘들 때도 있다. 하지만 그들과의 경쟁에서 득이 될 것이 하나도 없을 것 같아 내 갈 길만 가려고 하는데도 자꾸 흔들어대는 바람에 아무리 똑바로 걷고 싶어도 걸을 수 없을 때가 있다.

　옛말에 "여러 사람의 입방아는 쇠도 녹일 수 있고 뭇사람의 훼방도 쌓이면 뼈도 부러뜨릴 수 있다."고 했다. 그런데 내가 외면할수록 나를 흔드는 바람은 더 거세지고 때때로 화나는 마음이 울컥하고 올라와 속에서 요동칠 때는 어디 한번 해보자며 맞서고 싶은 생각이 드는 것이다. 이런 마음을 견디지 못하고 자칫 한 발이라도 땅에서 떨어지는 날이면 상대가 부는 거센 바람에 내 마음은 대번에 황폐해질 것이고, 어쩌면 정말 뼈가 부러지거나 통째로 날아 가버릴지도 모를 일이다.

　경쟁하는 사람이 버려야 하는 것은 상대를 배척하고 질투하며 미워하는 마음이다. 그런 마음으로 경쟁하는 한 상대를 진정으로 이기지 못한다. 소극적인 태도를 버리고 상대와 마주 서는 당당한 마음이어야 한다. 경쟁의 결과에 따라 자연히 승패가 가려지겠지만, 경쟁보다 중요한 것은 승패의 결과를 받아들이는 자세다. 그에 따라 이기고도 지는 경우가 있고 지고도 이기는 일도 있다. 그것을 어떻게 받아들이느냐에 따라 최종적인 승패가 갈라진다. 설령 지금은 패배했다 하더라도 더 강한 내가 되기 위해 정진하고 노력한다면 패배의 경험에서 비롯된 잠재력이 더 큰 힘을 얻어 한 번의 패배가 성공의 시작이 될 수 있음이다. 연을 날리기 가장 좋을 때는 바람이 강하게 불 때다.

자신에게 경쟁자가 있다는 사실은 그 자체만으로 긴장의 끈을 당겨 정신이 해이해지지 않도록 하고, 삶의 원동력을 잃지 않도록 도와준다. 식물도 다른 식물과 경계선 사이에 있는 식물이 더 잘 자라고 튼튼하다고 한다. 다른 종과 경쟁하면서 자연히 투쟁의 에너지가 만들어져, 그로 인해 병충해 같은 것도 잘 견딘다고 한다. 하물며 식물도 그런데 사람이야 말할 것도 없다. 부싯돌은 세게 부딪힐수록 더욱 찬란한 불꽃을 만드는 법이다. 경쟁자야말로 미워할 대상이 아니라 자신이 더 높은 곳으로 올라가게 하는 사다리와 같은 것이다.

혼자 달리는 마라톤 선수, 혼자 헤엄치는 수영선수, 혼자 달리는 육상선수를 상상해보면 경쟁자가 왜 필요한지 경쟁의 참된 의미를 알게 될 것이다. 선의의 경쟁은 각자 끌고 가는 수레를 뒤에서 서로 밀어주는 것과 마찬가지로 서로서로 돕는 일이다. 운동선수들이 혼자서는 깨트리기 어려운 기록도 상대와 경쟁하며 깨어지는 이유가 거기에 있다. 경쟁자는 내 삶을 추동하는 힘이 되기 때문이다.

행복을 만드는 사람들

어제 합천 해인사 소리 길을 다녀왔다. 아침 차에 오르는 사람마다 오늘은 온종일 비가 올 거라며 표정이 어둡다. 나는 입구에 서서 차에 오르는 사람들에게 어차피 오는 비라면 마음을 바꾸어 차라리 비 내리는 걸 즐기자며 다독거렸다. 결과를 이야기하자면, 온종일 가을비가 내렸지만, 마음을 바꾼 대부분 사람은 맑은 날보다 오히려 비 때문에 오랫동안 기억에 남을 하루였다며 입을 모았다. 새소리, 바람소리, 물소리를 들으며 걷는 길이 소리길이라 했는데, 거기에 하나를 더 보태 빗소리까지 듣는 오늘은 잊지 못할 추억 하나를 가슴에 담을 수 있었다며 행복해했다.

하필이면 오늘 비가 와서 망쳤다는 생각을 반대로 하면 그 순간 내가 보는 세상이 달라지는 것이다. 어떻게 알고 오늘 같은 날, 비까지 내려 우리에게 깊은 가을 쌓인 낙엽 속으로 스며드는 빗물을 보게 하고, 빗물에 젖어 더 짙은 색으로 치장한 아름다운 낙엽과 만나게 해줄까 하는 여유로움으로 말이다. 중요한 것은 나를 이토록 가슴 일렁이게 하는 건 가을비가 아니고 바로 내 마음이 그렇게 만든 것이다. 피할 수 없는 일이라면 받아들일 줄 알아야 한다. 마음의 문을 열면 같은 일이라도 뒤집어 생각할 줄 아는 힘이 생긴다. 비가 좋아 일부러 비 오는 날을 골라 여행하는 사람도 있다며 실망하는 사람들에게 이 같은 말로 인사를 대신했다.

우리가 늘 보는 정병산도 도청 쪽에서 바라보는 것과 산 넘어 북면 쪽에서 바라보는 모습은 전혀 다르다. 같은 산을 두고도 바라보는 각도에 따라 달라진다. 사람도 이와 다르지 않다는 건 누구나 아는 일이다. 누군가 나에게 사람을 딱히 두 부류로 나누어 이야기하라면, 부정적인 사고를 하는 사람과 긍정적인 생각을 하는 사람, 이렇게 둘로 나누고 싶다. 부정적인 사람이란, 어떤 일을 맞닥뜨렸을 때 그 일에서 안 좋은 것만 기막히게 골라내는 사람이다. 반대로 긍정적인 사람은 같은 일 속에서 좋은 일만 골라낸다. 처음은 별것 아닌 것 같아도 이 둘이 나중에 가서는 삶을 바라보는 각도가 크게 벌어지게 되어 있다. 그 차이가 그 사람 삶의 습관이 되어 서로 다른 인생을 만든다. 누가 어떤 선택을 하던 그것은 본인 마음이다.

오늘 하루 일만 해도 부정적인 사람은 비가 와서 옷과 신발도 젖고 귀찮은 일만 계속 생기는 형편없는 하루였다고 투덜대며 짜증 낼 것이고, 매사에 긍정적인 사람은 비는 왔지만, 비 오지 않으면 볼 수 없었던 것을 비 때문에 보고 들었다며 행복해할 것이다. 그보다 세 가지 소리에 한 가지를 더 보태 빗소리까지 들으며 해인사 소리 길을 걸었다는 뿌듯함이 밀려와 잊지 못할 하루였다며, 행복감에 젖은 사람도 있을 것이다.

비 오는 날 두 사람(긍정적인 사람과 부정적인 사람)의 처지는 똑같았지만, 결과는 아주 다르다. 변하지 않을 진실 하나는 세상은 긍정적인 사고를 하는 사람이 만들어 간다. 감나무 밑에서 입만 벌린다고 감이 입에 들어오는 것이 아니듯, 쉽게 얻은 것에는 절대로 큰 기쁨이 따르지 않는다. 돌아오는 길, 사람들 모두는 어두웠던 아침 표정은 간데없고 저마다 행복한 얼굴이었다.

외로운 사람들

　세상이 급속도로 변하니 예전에는 없던 병이 새롭게 생긴 것이 많다. 사람들이 말하는 외로움이라는 것도 병이나 마찬가지라면 말이 될지 모르겠다. 병이나 외로움처럼, 요즘에 생기는 것은 모두 사람이 만들어낸다. 외로움을 견디지 못해 목숨을 끊는 사람이 뜻밖에 많은 것을 보면 외로움이란 정말 두려운 것이다. 가난이든 외로움이든, 너무 심하면 병보다 더 무서울 수도 있음이다. 사람들은 무슨 수를 써서라도 외로움에서 벗어나려고 발버둥 친다. 그러나 외로움으로부터 멀리 도망치려고 할수록 더 외로워지고 어쩌면 그것은 내가 누릴 수 있는 고독의 기회를 놓쳐 버리는 일이기도 하다. 그렇게 놓친 것은 다른 사람과의 진정한 소통을 위해 꼭 필요한 소중한 조건임에도 사람들은 늘 외로움에서 벗어나려고만 한다.

　가치 있는 일에 혼자 몰입하는 경우라면 외로울 틈도 없을뿐더러 외롭지도 않다. 각박한 세상을 사는 우리에게 수시로 찾아오는 근원을 알 수 없는 외로움은 어디서 오는 건지도 모를 때가 있다. 오는 곳을 모르면 가는 곳도 모르는 법인데, 아마도 그것은 평생을 내 곁에 붙어 따라다니는 그림자처럼 내 안에 나도 모르는 또 다른 나일 것이다. 다른 사람을 외롭지 않게 도와주는 것은 나 자신을 돕는 것이라는 것을 알지만, 내가 외로우니 다른 사람을 돕는다는 것은 내 능력 밖이라 어쩌지 못한다.

사막은 사막에만 있는 것이 아니라 우리가 사는 도시에도 사막은 있다. 수많은 사람 속에 누구와도 대화 없이 외톨이로 살며 자기와 함께 하던 사람들에게 무시당하고 잊히는 것은 비난과 공격보다 더 두려운 법이다. 아무도 자기를 바라보지 않고, 아무도 자기에게 관심을 두지 않는다면 이런 절대 고독을 견딜 사람은 없다. 왜냐하면, 인간은 그냥 존재하지 않고 의미로 존재하며 그런 인간에 의해 사물도 무엇인가 의미로서 존재하기 때문이다.

외롭지 않으려고, 외로움이 두려워 사람들을 내 안에 가두어 도망가지 못하게 칸 지르고 담을 쌓는다. 그럴수록 외로움은 더 깊어지고 발버둥 칠수록 올무에 걸린 것처럼 온몸을 조여드는 것이다. 사람은 자신의 존재를 상대를 통해 인식하고, 상대는 나의 삶에 비추어 자신들의 삶에 대해 내가 한 것과 똑같은 생각을 하는 것이다. 그러나 자신의 삶에 적응하지 못하고 더듬이 잘린 곤충처럼, 삶의 방향을 찾지 못해 어둠 속에서 헤매다 삶의 길을 잃어버리는 사람이 뜻밖으로 많다. 그런 사람 대부분은 추수가 끝난 들판에 남겨진 허수아비처럼 버려지지도 못하고, 제대로 서 있지도 못한 외로운 사람들이다.

어제 TV를 보며 한때 이곳에서 잘나가던 사람이 동남아 원정도박으로 가진 재산을 모두 날리고, 가족에게도 버림받아 필리핀 빈민가 쪽방에서 술과 마약으로 망가진 사람들을 보았다. 조폭에게 여권도 빼앗긴 채 사람 꼴이 아닌 몰골로 살아가는 그들은, 하나같이 한국에 있는 가족들을 보는 게 소원이라고 했다. 그리고는 외로움 때문에 돈을 벌면 밥 먹는 것보다 술과 마약이 먼저라고 했다. 그것이 아니면 한시도 견딜 수 없는 처지라며 퀭한 눈으로 기자를 쳐다보았다.

처지를 바꾸어 생각하면 정말 안타깝지만, 그들은 가지 않아야 할 길을 갔던 것이고 자기 스스로 사막 한가운데로 들어간 것이라 외로움마저도 사치로 보였다. 옛말에 "하늘이 내린 재앙은 피할 수는 있지만 스스로 만든 화는 하늘도 막을 수 없다."고 했는데, 그것도 자기가 불러들인 재앙이고 자초한 외로움이니 누구도 막을 수 없다. 그들은 수많은 외로움의 얼굴 가운데 또 하나의 모습이다.

세상인심과 사람들

사마천의 사기(史記)에 이런 이야기가 있다. 옛날 벼슬하던 사람이 관직에 있을 때는 손님이 문 앞에 가득 찼지만, 벼슬을 잃자 문밖에 참새 잡는 그물을 쳐도 될 정도였다. 그러다 다시 벼슬을 얻자 사람들은 예전처럼 모여들려고 했다. 그래서 문에 다음과 같이 크게 써 붙였다고 한다. "한번 죽고 한번 사는데 사귀는 정을 알고, 한번 가난하고 한번 부유함으로써 사귀는 모습을 알며, 한번 귀했다가 한번 천해짐으로써 사귀는 참된 정을 알게 된다." 세상인심을 이렇게 절묘하게 표현한 것을 보지 못했다. 눈앞에 보이는 대로만 볼 줄 알았던 사람에게 그 배경과 진실을 깨닫는 안목을 갖게 한다. 벼슬이 높을수록 뜻을 낮추면 문에 써 붙였던 상황을 만나지 않을 것이다. 현재를 사는 우리도 처음이나 끝이 늘 같은 마음으로 변함없이 사람들을 대해야 할 것이다.

세상인심은 예나 지금이나 조금도 달라지지 않았다. 각박한 것으로야 요즘이 더하겠지만, 사람의 본성은 상황이나 환경에 따라 수시로 변하는 것은 달라지지 않았다. 그러니 밤과 낮이 바뀌고 해와 달의 변화에 따라 반복되는 밀물과 썰물처럼, 자연의 이치와 똑 닮은 세상인심에 일희일비(一喜一悲)하는 것은 어리석다. 들고나는 게 자연의 섭리이듯 득실은 우리 생활 속에서 늘 되풀이되는 삶의 섭리다. 인생을 살다 보면 온갖 일들과 맞닥뜨리게 되고 그런 상황에서 경험하게 되는 세상인심은 나 혼자만이 아니라 누구나 겪는 일이다. 그러니 안타까워할 이유가 없다. 이것이 사람 사는 것임을 이해하고 받아들일 줄 아는 사람은 나중에 구하지 않아도 다시 채우는 지혜를 얻는다.

 지인 한 사람이 나에게 이런 말을 했다. 자식의 혼사를 치르며 꼭 올 것이라 기대했던 사람은 오지 않았는데, 생각지도 못했던 사람이 어디선가 얘기를 들어 왔다며 왜 자기에게 연락하지 않았다고 서운해 하면서 부조하는 바람에 부끄러운 적이 있었다고 했다. 그러면서 큰일을 치러보니 평소 몰랐던 것을 알게 되더라고 한다. 사람은 나이가 들어가며 온갖 일을 겪게 되고, 이런 과정을 통해 세상인심이라는 것도 알게 되는 것이다. 그것은 백번 보고 들어 아는 것보다 길흉사든 어떤 것이든 한번 체험함으로써 천태만상의 사람 마음과 세상인심을 제대로 알게 되는 것이다.

 직접 체험으로 깨달은 것은 책을 읽거나 남의 것을 눈으로 보고 머리로 아는 것과는 완전히 다른 차원이다. 큰일을 한번 치르고 나면 자신의 경험과 결부해서 세상인심을 헤아리게 되고 그것으로 말미암아 자기 스스로 휘둘리지 않는 삶을 살게 되는 것이다. 사람은 누구나 시절에 따라 세상인심의 다름을 알고, 상대방의 처지에 따라 구분되는 인심의 무게를 명확히 알 수 있다. 세상인심의 서운함에서 벗어나는 해답은 상대가 내 마음 같아지기를 바라는 마음을 그만둘 때다. 그런 마음은 내가 조금 놓으면 조금의 평화가 오고 전부를 놓으면 완전한 평화가 오게 될 것이다. 자기중심, 자기 눈높이를 벗어날 때 새로운 기회가 보일 것이다.

못난 사람들

일관성 없는 행정가의 정책이나 정치인들의 약속을 믿고 지켜보았지만, 언제나 시작은 있는데 끝이 없는 일을 무수히 겪으며 살았다. 요즘 세상 돌아가는 일만 보더라도 무슨 일이든 와자지껄 시작은 있지만, 끝은 보이지 않는다. 어떤 일은 끝을 예측할 수도 없고 그냥 대책 없이 말로만 시작할 뿐이어서 차라리 끝이 없는 것보다 더 참담하다. 여태껏 위정자들이 국민에게 이번에는 '반드시'라고 하며 굳게 다짐한 약속이 과연 얼마나 지켜졌을까. 아마 국민의 가슴을 후련하게 해줄 만큼 약속 지킴이 내 기억에는 없다. 그러는 그들이 명심해야 할 것이 있는데 말하기 전 '반드시'라는 말을 붙일 때는 자기 스스로 일의 성공에 대한 확신 없이 그 말을 해서는 안 된다. 그런 말을 쉽게 하는 사람은 자기가 한 약속을 쉽게 저버릴 가능성이 말하지 않는 사람보다 훨씬 크다.

끝맺지 못할 거라면 시작할 때 큰소리만이라도 치지 않았으면 좋겠다. 지금 사회지도층 모두를 싸잡아 비난하는 것은 아니지만 처음과 끝이 같지 않고 말과 행동이 다른 사람을 수없이 보아왔다. 그게 소수의 사람이라 할지 모르지만, 큰 저수지 둑도 작은 구멍 하나로 무너지는 법이다. 그리고 좋은 옛말도 있지 않은가. 세상에서 어려운 일은 반드시 쉬운 것에서 생기고, 큰일은 작을 때 그 기미를 보인다는 말. 한비자(韓非子)가 말하는 나라가 망하는 열 가지 징조 가운데 한두 가지는 이미 시작되고 있는 건 아닌지 걱정스럽다. 약속을 가볍게 하면 신용이 없어지고 쉽게 여기는 것이 많으면 반드시 어려움이 생긴다. 우리 위정자들이 이것 하나만 기억해도 둑이 무너지는 일은 없을 것이고 나라는 망하지 않을 것이다. 약속이란 말을 강아지 이름 부르듯 남발하고 신의가 실종된 이 시대에 시작과 끝을 분명하게 금 긋는 강직한 선비 같은 사람이 정말 그립다.

 어느 사람이든 어떤 일을 시작할 때 이번에는 '반드시'라는 말은 내가 가장 듣고 싶지 않은 말이다. 내 경험으로는 약속한 일을 꼭 할 사람은 그런 말을 하지 않는다. 우리가 알아야 할 것은 아주 적은 양의 소금이 바닷물을 섞지 않게 하듯 지금도 성실하게 살아가는 소중한 사람들이 이 나라를 섞지 않게 하는 소금임을 의식 있는 사람들은 이미 알고 있을 것이다. 나는 여태 반드시 무엇을 하겠다는 사람치고, 반드시 그 일을 하는 사람을 보지 못했다.

 "눈 덮인 들길 걸어갈 제
 행여 그 길 아무렇게나 하지 말라
 오늘 남긴 네 발자국이
 마침내 뒷사람의 길이 되리니."

 백범 김구 선생의 어록 중의 하나를 옮겼다. 윗물이 맑아야 아랫물이 맑다. 윗물이 맑으면 아랫물은 시간이 가면 자연히 맑아지게 되어있다. 반대로 윗물이 썩었다면 아랫물이 아무리 애쓴들 맑아지지 않는다. 이 사회의 윗물이라고 자처하는 사람들은 선생의 말처럼 눈길을 걸을 때 아무렇게나 걸어서는 안 될 것이다. 공자의 가르침대로 내가 본 앞선 사람의 흐트러진 모습을 뒷사람에게 보이지 말아야 한다. 더욱이 국민이 뽑은 공직자라면 자기의 임기 안에 끝맺음할 수 없는 일에는 시작하기 전, 먼저 그 이유를 국민이 바르게 알도록 설명하고 이해를 얻어야 한다. 그렇지 못하면 국민과 자신을 모두 속이는 일이다. 공직자의 그런 정직함은 자신과 국민이 하나가 되게 하는 힘의 원천이다.

못난 사람들 2

 자신을 지도자로 자처하는 사람들 가운데, 처음에 어떤 직책을 맡거나 일을 시작할 때는 태산을 무너뜨릴 기세로 덤벼든다. 그러다 끝에 가서는 내가 언제 그랬냐는 듯 아무 일 없는 얼굴로 처음 모습이 흔적 없이 사라지는 사람이 있다. 뽑은 칼로 무 하나 제대로 자르지 못하고 위세만 부리다가 칼집에 도로 넣는 허망한 모습들이 정치인이나 공직자들이다. 우리 주변에도 이 같은 사람이 뜻밖으로 많은 걸 보면 지금의 세상을 보는 것 같아 쓸쓸한 생각이 든다. 그런 사람들은 하나같이 무언가를 처음 시작할 때는 '이번에는 반드시 이렇게 아니면 저렇게 하겠다.'라는 말을 입에 달고 다닌다. 그러다가 얼마 못 가 그 말이 쑥 들어 가 버리는 것을 우리는 참 많이도 보았다.

 용두사미(龍頭蛇尾)라면 뱀 꼬리라도 기대할 수 있지만, 그마저도 기대하지 못하는 사람이 주변에 널려있다. 하지 못할 일을 할 것처럼 말하지 말자. 가다 못 가면 아니 감만 못하다는 옛말처럼 하지 못할 일을 한다고 하는 것은 남을 속이고 자신을 속이는 일이다. 그것이 리더에게서 나온 말이라면 당부하고 싶은 말이 있다. 지도자의 말은 몸 밖에 나온 땀과 같다는 말이다. 즉 한번 자기 몸에서 나와 버리면 두 번 다시 돌아갈 수 없으므로 그만큼 신중해야 한다는 뜻이다. 하고 보니 정말 무섭고 엄정한 말의 무게를 말한 것 같다. 또 이런 말도 있다. 지도자가 말을 할 때는 '유언처럼' 하라는 말이다.

분명한 이유가 있고 명분 있는 시작은 끝도 분명하다. 하지만, 사리에 맞지 않고 명분 없는 시작은 끝도 없는 법이다. 사회생활을 하며 처음은 있는데 끝이 없는 흐리멍덩한 윗사람이나 아랫사람의 모습을 지겹도록 보며 살았다면, 우리는 그런 삶은 살지 않아야 한다. 그리고 평소에는 어디든 끼어들어 말하기를 좋아하는 사람들이 정작 말해야 할 때 입 다물고 꼬리까지 감춘 모습은 얼마나 초라한가. 모두 시작은 있는데 끝이 없는 대표적인 사람들이다. 말해야 할 때 할 수 있는 사람은 자신감 있고 당당한 모습이다. 그것은 사소한 일처럼 보이지만 사실은 한 사람이 지닌 내면에 힘의 크기를 반영하는 것이다.

　인생은 끝없는 선택의 과정이다. 어쩌면 시작과 끝맺음도 선택의 과정이라 할 수 있다. 우리가 어떤 선택을 하든 완벽할 수 없지만, 무수한 선택이 인생을 만들고 시작과 끝의 결과는 내가 어떤 마음을 가졌는가에 따라 달라진다. 무슨 일이든 흐지부지 끝을 맺지 못하고 그래서 남에게 상처 주는 사람이 있다. 그런 사람이 무엇을 할 수 있는지 내게 묻는다면, 한마디로 이렇게 말하고 싶다. 사람은 무엇이든 자기가 남에게 한 만큼 돌아오게 된다고.

　시작과 끝이 서로 조응(照應)하며 화답할 때 일이건 사람이건 그 모습은 아름답다. 우리는 재물만 저축하는 것이 아니라 시간과 추억도 저축한다. 심심할 때 빼먹는 곶감처럼 순간의 달콤함에 맛 들인 사람은 그것을 모른다. 사물에든 사람에게든 짧은 그날의 기억밖에 없는 삶은 그날 벌어 그날 먹는 삶보다 더 서글프다.

난폭함을 용기로 착각하는 사람

사람은 누구나 다른 사람보다 나은 것이 있으면 드러내어 과시하고 싶고, 자랑하고 싶은 마음은 사람의 속성이다. 남보다 나은 것이 많다는 것은 좋은 일이지만, 그것이 자신의 진정한 자랑으로 인정받기 위해선 넘어야 할 언덕이 한둘 아니다. 사람의 행복은 가진 것이 많고 적음에 있는 것이 아니라 가진 것을 어떻게 사용하며 누리는 가에 달렸다. 아무리 많이 가졌어도 그것을 쓸 줄 모르고 곳간에다 쌓아만 둔다면 있어도 없는 것과 마찬가지다. 그것이 천금을 주고 바꿀 수 없는 귀한 것이라 해도 남과 나를 이롭게 하지 못한다면 곳간에 쌓아둔 돌덩어리와 무엇이 다르겠는가. 옛말처럼 비단옷 입고 밤길을 가는 꼴이다.

더구나 자기가 가진 것을 남과 나누지 못하는 사람은, 그것이 남이 알아주지 않는 헛것인 줄 모르고 자신의 얕은 지식을 대단한 것으로 여겨 오만한 마음으로 가득하다. 그것의 표현인 건방짐으로 사람을 대하는 것은 자기를 천박하게 만드는 가장 **빠른** 지름길이다. 설령, 마지못해 자신의 곳간을 연다고 해도 받는 사람이 고마워하지 않을 것은 빤한 일이다. 그뿐만 아니라 가진 것을 제때 선뜻 내놓지 못하면 사람들이 그를 마음으로 인정하지도 않는다. 무슨 일이든 겸손이 바탕이 되지 않은 것은 자신을 더 누추하게 만들고 남에게도 인정받지 못하는 것이다.

무언가 자기 존재를 과시하고 드러내는 것에도 여러 유형이 있는데, 사람들이 알아주는 기색이 없으면 자기를 알리는 방법이 난폭해지는 사람이 있다. 그리고는 그것을 용기라고 착각하는 것이다. 복숭아와 자두 나무가 있는 곳에는 저절로 길이 생긴다는 중국의 고사가 있다. 복숭아와 자두는 말이 없지만 맛있는 열매를 맺기에 그곳으로 가는 사람들로 길이 만들어진다는 말이다. 사람 중에도 가만히 있어도 사람들이 스스로 찾아가는 사람이 있는가 하면 아무리 떠들며 자기를 알리려고 해도 거들떠보지 않는 사람이 있다.

그런 사람이 때로는 자신을 드러내기 위해 난폭한 방법을 택하는 경우가 있는데 그것만큼 자신을 망가뜨리는 일이 세상에 또 있을까. 자기를 알리는 길은 사람을 사귀는 데 있고 사람을 사귀는 처음은 내가 먼저 주는 데서 시작하는 법이다. 누구든 좋은 인연을 만들고 싶다면 상대에게 먼저 마음을 주어야 한다. 묵묵히 노력하며 자신의 길을 가는 사람은 자기가 알리려 하지 않아도 다른 사람이 먼저 알아본다는 사실을 명심하고 살면 얼마나 좋을까.

문제가 되는 것은 어떤 일에 의견충돌이 생겼을 때, 혼자서 아무리 떠들어도 자기에게 관심을 두지 않거나 말에 귀 기울이지 않으면 자기 말을 들어주고 알아달라는 투로 행동이 거칠어지고 난폭해진다. 그러다 자기 말이 통하지 않으면 옷을 벗어 던지고 상대에게 삿대질하며 눈을 부릅뜨고 고함을 지르는 것이다. 상대를 노려보며 기를 꺾으려 하지만 그런 상황에서는 상대도 쉽게 물러서지 않는다. 그러면 더 기를 쓰고 다른 사람에게는 아무 문제없는 것에 기어코 문제를 만들어 낸다.

아무런 문제없는 것이라도 그렇게 떠들어대면 사람들 시선을 끌게 되고, 그러면서 문제없는 일도 문제가 될지 모른다는 의심을 불러와 더러는 문제가 되는 경우도 있다. 이런 것이 사람의 관심을 끌어 자기 존재를 알리는 난폭한 사람들의 무기이고 방법이다. 마치 멀쩡한 사람을 병자로 몰아 정신병원으로 데리고 가는 것과 같다. 사사건건 트집 잡고 걸고넘어져 문제를 만드는 사람, 난폭함을 용기로 착각하는 사람에게 꼭 하고 싶은 말은 당신과 똑같은 사람을 만나 똑같은 일을 어디 한번 겪어보라고.

독단을 결단으로 착각하는 사람

어떤 중요한 일을 두고 무언가를 결정하거나 단안을 내려야 하는 일이 있을 때 사람들은 그런 결정을 대부분 결단(決斷)이라고 표현한다. 그러나 그것이 독단(獨斷)이나 독선으로 변질하는 것이 문제다. 대표적인 게 정치와 종교의 독단이다. 무슨 일이든 일하기 전에 어떤 것을 선택하거나 마음으로 결정하는 두고 어떤 게 결단이고 어떤 경우가 독단인가를 판단하는 일은 본인만이 가릴 수 있는 자기 양심에 관한 문제다. 그것을 착각하는 사람은 말하기 전 꼭 자신의 지식이 바탕이 되었음을 들먹인다. 지식이라고 해야 책상머리에서 머리로 안 것이 전부다. 올바른 지식은 경험으로 확인되어야 생명력을 얻는다. 경험해보지도 않고 책이나 말을 통해 안 것은 제대로 힘을 쓰지도 못하겠지만 그것을 안다고 할 수도 없다. 경험을 떠난 지식은 자칫 왜곡된 생각으로 다른 사람까지 바르게 알지 못하게 한다.

자기가 한 일이 독단이 아닌 결단으로 여겨지는 경우는 대다수 사람이 공감하며 머리를 끄덕일 때다. 독단을 결단으로 생각하는 사람 대부분은 타인의 말을 듣지 않을 뿐만 아니라 다른 사람도 나와 같은 생각을 할 것이라고 착각하는 사람이다. 우리가 눈만 뜨면 보는 신문이나 방송을 통해 만나는 정치인들도 어떤 중요한 일에 대한 결정을 한 다음 기자회견 하는 것을 본다. 그들이 하는 말 대부분이 오랜 시간의 고민 끝에 나라와 국민을 위해 환골탈태의 심정으로 결단을 내렸다고 한다. 툭하면 되지도 않은 말을 아무 데나 갖다 붙이고, 그만한 일로 환골탈태라니, 자다가도 웃을 일이다.

그것이 결단인지 독단인지, 정말 국민을 위한 것인지 아니면 자기를 위한 것인지는 나중에 가봐야 알겠지만, 그런 말을 하면서 꼭 국민을 들먹인다. 이런 유형의 정치인 대다수는 선거든 뭐든 이기는 것만 알고 지는 것을 모르는 사람들이다. 질 줄 모르는 사람은 대부분 독단의 성향이 강하다. 공익을 앞세우고 국민을 생각한다는 정치인뿐만 아니라 사람은 누구라도 남의 이야기를 귀담아들어 자기 행동에 독단과 결단을 가릴 줄 아는 내면의 힘을 길러야 한다. 그런 다음 자기가 하는 일 가운데 무엇이 독단이고, 어떤 것이 결단이라는 것쯤은 알아야 하지 않겠는가.

그 사람이 누구이든 다른 사람 말을 귀담아 들을 줄 아는 사람이라면 독단이라는 말은 먼 나라의 이야기다. 독단을 일삼는 사람은 남의 말에 귀 기울이지 않는다. 걱정스러운 것은 독단을 결단으로 착각하는 삶이 오래가다 보면 자신도 모르는 사이 그런 착각에서 헤어나지 못하는 일이다. 계속 그런 상황에 머물러 자칫 습관이 되어 버린다면 나중에는 독단의 씨앗이 잘못 싹터 난폭함으로 이어지기에 십상이다. 이런 일상들이 모여 그 사람 인생의 강줄기가 만들어지는데, 그런 강줄기는 한번 만들어지면 바꾸기 힘들다. 바꾸는 것이 불가능한 것은 아니지만, 독단의 과정에 익숙해져 습관이 되어버린 사람은 당사자 극단의 의지가 아니면 고치기 어렵다.

독단적인 사람은 항상 자기 생각과 판단은 무조건 옳다고 생각한다. 자기 생각에다 남을 끌어들이거나 다른 사람의 모범적인 사례를 자신이 하려는 일에 견주어 결단이라는 이름으로 포장하려 든다. 사람들이 그것을 믿지도 않겠지만, 정작 본인은 모른다. 어쩌면 모르는 게 아니라 모른 척하는 건지도 모른다. 본질은 전혀 바뀌지 않았는데 말의 순서만 앞뒤로 살짝 바꾸어 사람들을 속이려 하는 건지도 모를 일이다. 가깝게 내 주변에도 이런 착각 속에 사는 사람이 부지기수다. 진정으로 결단력 있는 사람은, 남에게 인정받는 과정에서 많은 사람의 의혹에 시달리기도 한다. 하지만 다른 사람의 의혹과 비웃음에 의기소침해지거나 자신을 의심하지 않는 사람이다.

중요한 것은 독단이든 결단이든 그런 말을 자주 하는 사람치고 한 번도 그 약속을 지키는 걸 보지 못했다. 그렇게 지키지 못할 일을 입만 열면 그 소리다. 본인의 결단으로 새로운 것, 위대한 무엇을 만들겠다는 약속이다. 그것이 결단인지 독단인지 헷갈리지만, 아무튼 독단은 아니었으면 하는 바람이다. 노자(老子)의 말을 빌리면 "참으로 많이 아는 사람은 말하지 않는 사람"이라고 했다. 나는 거기에 덧붙여 말하자면 참으로 결단하는 사람은 그것을 결단이라고 말하지 않는 사람이다.

자신감 있는 사람들

평소에는 아무 일 없다가 자기와 가까운 사람이 무언가를 성취하거나, 자기와는 다른 생각과 행동으로 남에게 관심 받는 것을 보면, 눈꼴사나워하고 태도가 달라지는 사람이 있다. 사촌이 논을 사면 배 아파하듯 좋지 않은 쪽으로 변하는 것이다. 남을 비방하고 남의 실패를 기뻐하는 것은 어김없이 내가 내 발등 찍는 일임을 알아야 한다. 만약 처지가 바뀐다면 자기 역시 상대와 똑같은 일을 겪게 될 터인데도 지금 상황을 외면한다. 만약 그것이 남을 비방하는 것이 아니라면 다르게 생각하고 표현할 수 있다는 것, 이것은 시대의 간극을 뛰어넘어 사람이 지켜야 할 소중한 문명의 자산이다. 어느 집단이든 생기 넘치는 활력은 이런 차이의 생성에 달린 것 아닐까.

어떤 집단이나 어느 세력에 다툼과 분열이 없겠는가. 사실 분열 자체는 문제 될 게 없다. 문제는 나와 다른 생각이나 의견을 가진 상대를 수용하지 못하고 서로를 인정하지 않는 것이다. 거기에 한술 더 떠 조금 더 힘을 가진 세력이 물리적으로 약자를 억압하는 일도 있다. 그렇게 누른다고 상대가 돌에 눌린 풀처럼 마냥 그대로 있지 않다. 어쩔 수 없이 눌려 있다가 때가 되어 처지가 바뀌면, 용수철처럼 튀어 올라 누른 사람을 향하게 될 것이다. 이처럼 상대를 겨눈 창이 언젠가는 자신을 향한다는 것을 명심하고 있어야 한다. 왜냐하면, 세상일은 어느 한 곳으로만 기우는 일이 없기 때문이다.

유난히 타인의 성공에 배 아파하거나 질시하는 사람은 대부분 자신감이 없는 사람이다. 상대의 성공을 부러워 못 견디는 것이다. 그저 부러움으로 그친다면 좋겠지만, 자기가 못 가진 것을 남이 갖게 되는 것을 그냥 두고 보지 못한다. 못 먹는 감 찔러나 보자는 못된 심보를 그대로 드러낸다. 그때부터는 작은 꼬투리 하나라도 보이면 그것을 부풀려 멀쩡한 사람을 헐뜯고 비방하며 그 사람의 성공을 깎아내리기 바쁘다. 자기 스스로 그렇게라도 해야만 위안을 받는 것처럼 기를 쓰고 덤빈다. 그런 심보를 가진 사람은 어김없이 서로의 처지가 뒤바뀌면 다른 사람 역시 자기가 지금 하는 생각과 똑같은 생각을 할 터인데, 정작 본인은 모르는 척하고 있다.

대부분 사람은 나를 바라보는 남의 시선에 신경을 쓴다. 나 역시 마찬가지다. 남들에게 인정받기 위해 타협하고, 눈치 보며 행동하고, 다른 사람의 마음에 들기 위해 애쓰는 것이다. 스스로 주관이 있다고 생각하지만, 어떤 경우에는 다수의 말에 마음이 흔들리고 자신을 의심하는 일도 있다. 남의 평가와 시선을 의식하는 것은 정상적인 일이기는 하다. 그러나 매사 남의 시선을 의식하며 살다가는 결국 나 자신을 잃어버릴 수도 있다. 많은 사람의 의문에도 아랑곳하지 않고 자신을 인정할 수 있는 사람은 대단한 자신감을 가진 사람이다. 자신감은 실패를 성공으로 바꿀 힘을 가졌다. 흔들림 없이 자신의 판단에 충실할 수 있는 용기. 이런 사람이야말로 내가 진정으로 닮고 싶은 사람이다.

타인의 약점을 들춰내어 비방하지 않고 상대의 실패를 자기 위안으로 삼거나 기뻐하지 않는 사람은 자신감이 넘치는 사람이다. 자신감은 사람 가슴에 숨어있는 꽃봉오리다. 자신감만큼 보기 좋은 것이 없는데 스스로 생각하기에 우리는 아름다운가. 자신감이 넘치는 사람은 열정과 꿈이 많은 사람이다. 자신감은 자신에 대해 믿음이자 확신이기에 그런 사람을 보물섬을 찾아 떠나는 배와 비유고 싶다. 항구에 묶여있는 배는

좌초할 일은 없겠지만 아무 데도 갈 수 없다. 그것은 배로서 가치를 상실한 것이다. 자신감 없이 한곳에 머물러 있으면 묶인 배처럼 나중에는 온갖 것이 퇴화하고 어떤 기능은 멈추어버릴지도 모른다. 그러다가 차츰 꿈과 비전 없는 식물 같은 사람이 될 수도 있다.

제 발등 찍는 사람들

장자(莊子)에 이런 글이 있다. "불구자가 밤중에 아기를 낳고 급히 불을 들어 비추어 보았다. 급히 서두른 까닭은 자기를 닮았을까 두려워서였다." 이 구절이 함의(含意)하고 있는 어둠 속 번갯불 같은 자기 성찰은 나를 깊은 생각에 빠져들게 한다. 그런데 대부분 사람은 몸이 불구인 것은 금방 알 수 있지만, 정신이 불구인 것은 스스로 깨닫는 것이 어렵다. 그리고 사지가 묶인 것은 즉시 알지만, 정신이 묶인 것은 좀처럼 알지 못한다. 누군가는 옆에서 도와주어야 하는데 그런 사람이나 어떤 매개(媒介)를 만나는 일이 그리 쉽지 않다. 그것조차 만날 수 없어 자기 정신이 불구인 줄 모른 채 평생을 사는 사람도 있다.

자기 입에서 나온 것은 언젠가 자기에게로 돌아온다고 했는데 입에서 나왔으면 그뿐이라는 생각으로 남의 허물을 들추어내는 사람이 많은 세상이다. 상대의 실패를 기뻐하는 사람은 정신이 불구인 동시에 제 발등 제가 찍는 사람이다. 남의 말을 하지 않는 것은 남을 아프게 하지 않고 자기를 더럽히지 않는다. 남의 허물을 보고 말하고 싶은 것을 참는 것은 어떤 것보다 어렵고 어쩌면 악마의 유혹처럼 집요할지도 모른다. 그것을 이겨낸다는 것은 자기 스스로 느낄 수 있는 것 가운데 무엇보다 큰 기쁨일 것이다. 살다 보면 쉬운 일에 큰 기쁨을 느끼는 일은 별로 없다. 힘들고 어렵게 얻은 것일수록 나중에 돌아오는 기쁨이 클 뿐만 아니라 자긍심도 갖게 한다.

그렇게 되기 위해선 내가 하지 않아야 할 것에 대해 자제력을 키우는 일이다. 우리가 살아가며 배우는 가장 중요한 것 가운데 하나가 자제력을 키우는 일이다. 자제력은 나를 통제하는 능력이고 자기 생각이나 행동에 대해 자신을 억제하는 힘이다. 자기 관리를 하지 못하고 마음 가는 데로 행동한다면 인생 실패의 길로 들어서는 지름길이다. 자제력을 키우는 건 자신과 전쟁을 하듯 평생의 노력이 필요하다. 남의 허물을 보고 말을 하고 안 하고는 자제력이 있고 없는 것에 좌우되는 것이기에 마음이 흐트러지지 않으려면 한시도 마음을 놓아서는 안 된다. 자제력 없이 한 말이나 행동은 십중팔구 상대의 마음을 다치게 한다. 함부로 불쑥 튀어나온 말에 상처받고 상처 주는 일이 얼마나 많은가.

문학을 하는 사람 가운데서도 어떤 사람은 누군가 쓴 글을 두고 자기 마음대로 해석하고 판단하는 경우가 있다. 정말 조심해야 하는 일을 너무 쉽게 생각하는 것이다. 때로는 상대의 자존심마저 상하게 하는 일도 있다. 글이나 말에서 어느 한 부분만을 따로 떼어내 해석하는 것은 더 신중히 해야 한다. 자칫 자기 처지에 빗대어 생각하거나 본뜻을 왜곡한다면 반드시 객관적이지 못하다. 왜냐하면, 한 편의 글을 읽을 때는 글 전체에 담긴 글 쓴 사람이 의도하는 참뜻을 읽어야지 한 구절의 문장이 아니기 때문이다. 그렇게 한 부분에만 집착하다 자칫 본질을 왜곡하게 되면 글 쓴 당사자에게 부끄러운 일이다. 그것은 외눈박이 눈으로 세상을 보는 것처럼 온전하지 못하다. 그런 사람은 두 눈으로 세상을 보는 사람을 절대 이기지 못한다.

한 사람의 말이나 글 중에 어느 한 부분을 트집 잡아 비난하는 것은 쉬운 일이다. 하지만, 누군가의 즐거움이 누군가의 아픔이 될 때, 그 즐거움이 언제까지 유효할 것인지는 알 수 없다. 더구나 자신이 글 쓰는 사람이라면 이다음에 다른 사람에게 평가받게 될 자신을 위해서라도 즐거워하는 사람의 반대편에서 한 번쯤 생각해보는 이유를 가져야 하지 않을까. 살다 보면 서로의 처지가 수시로 바뀌는 세상이다. 우리는 너 나없이 저마다 같은 상황을 서로 뒤집어가며 살아가고 있다는 것을 명심해야 한다. 아직도 그런 순리를 모르고 산다면 언젠가는 제 발등 제가 찍을 사람이다.

미꾸라지 같은 사람

　어떤 일에 요리조리 잘 빠져나가는 사람을 보고 미꾸라지 같다고 한다. 어려운 일을 잘 피해 가는 경우를 두고 그렇게 말하기도 하지만, 얄밉다는 뜻으로 표현하는 것이 대부분이다. "미꾸라지 한 마리가 도랑의 물을 다 흐려 놓는다."라는 말도 단체나 조직에 좋지 않은 영향을 주는 사람을 두고 하는 소리다. 전쟁터에서도 적과 싸우다 죽은 사람은 영웅으로 추모하지만, 싸움을 피해 요리조리 미꾸라지처럼 빠져나간 사람을 두고 칭찬하는 일은 없다. 조용한 마을에 누군가가 들어와 분란을 일으키는 것을 두고도 사람들이 흔히 하는 말이다. 대부분 부정적이다.

　세상 많은 사람 중에 미꾸라지와 같은 사람이 있는 것은 어쩌면 당연한 일이다. 평소 미꾸라지 같다고 싫어하던 사람이 그곳을 떠나고 나면, 소란하고 분주하던 분위기가 대번에 사그라진다. 물 항아리의 흙탕물처럼 항상 들뜨고 어수선하던 것이 가라앉고 평온함을 찾는다. 미꾸라지 같은 사람이 있을 때면 항상 자기의 주장을 다른 사람에게 설득시키려 들고, 어떤 것이든 따지려고 들며, 말과 행동으로 주변을 소란스럽게 만든다. 여럿이 모여 일을 할 때도 번잡스럽고 큰 소리로 떠들어 주위 사람을 불편하게 한다. 그냥 가만있지를 못하고 미꾸라지처럼 온갖 데를 휘젓고 다니며 분탕질을 한다. 어떤 조직이나 단체든 사람 모이는 곳에는 이 같은 사람이 꼭 있다. 그것은 나 혼자만의 생각이 아닐 것이다.

　그러나 신기한 것은 그 사람이 없어지고 나면 잠깐은 집단의 분위기가 부드러워지고 조용해져 겉으로는 평온한 듯 보인다. 그러다 시간이 갈수록 어딘가 모르게 분위기가 가라앉고 조직의 활력이 떨어지는 경우가 있다. 그런 상태가 계속되면 물속으로 가라앉은 듯 답답하기도 하고 뭔가 새로운 기운이 생겨 분위기가 바뀌길 은근히 바란다. 그럴 때는 엉뚱하게도 미꾸라지처럼 설치던 그 사람이 생각나는 것이다. 우리가 매일 먹는 음식도 맛있는 것 한 가지만 계속 먹으면 질리는 것처럼, 때로는 라면이나 짜장면, 아니면 눈물이 나도록 맵거나 자극적인 음식이 생각나는 것과 마찬가지다.

　큰 소리로 떠드는 소란함과 이곳저곳 헤집고 다니며 분탕질하는 사람이 그리워질 때도 있다. 나만이 아니라 다른 사람도 같은 생각을 하는지도 모른다. 여럿이 모여 공기가 탁한 방에 창문을 열면 바람이 들어와 혼탁해진 방안에 새로운 공기를 불어 넣는 것처럼. 약간은 긴장되고 또 다른 기운으로 몸을 추스르게 되기를 원하는 것이다. 그 순간에는 그런 사람도 나와는 행동이 조금 다를 뿐, 우리에게 꼭 필요한 사람이란 걸 느끼는 시간이다. 여태 우리는 미꾸라지 같은 사람을 두고 항상 부정적인 눈으로만 바라보았다. 세상사를 제대로 알고 나면 어쩌면 우리가 그에게 고맙다고 해야 할지도 모른다.

　내 기억이 정확한지는 모르지만, 어느 어류학자는 도랑이나 냇가에 사는 미꾸라지는 다른 물고기를 이롭게 한다는 말을 들은 적이 있다. 물속을 돌아다니며 바닥의 펄과 가라앉은 흙을 뒤집어 펄 속에 있는 침전물이 떠올라 작은 물고기 먹이를 공급하고 오히려 물을 맑게 한다는 이야기를 들었다. 내가 말하는 미꾸라지 같은 사람도 우리에게 없어서는 안 될 꼭 필요한 사람이다. 그로 말미암아 경쟁과 긴장의 에너지가 생겨 우리를 살아있게 하는 것이다. 이렇게 말하는 나도 어떤 경우에는 다른 사람이 볼 때, 미꾸라지 같은 사람일지도 모른다. 사람은 서로 상대가 나와 다를 수 있음을 인정하고 배려하며 함께 어울려 살 때 세상은 살만해지는 것이다.

나 아니면 안 되는 사람들

　국가의 독재자나 장기집권 하는 지도자가 제때 물러나지 못하는 이유는 이 나라는 내가 아니면 안 된다는 생각을 하는 사람들이다. 독재자 옆에서 부와 권력의 맛에 물든 측근들의 눈가림도 있겠지만, 그보다 자기 착각에 깊이 빠져있는 경우가 많다. 일일이 거론하지 않아도 이들 대부분은 국민과 함께하지 못하고 국민의 지지를 받지 못하던 사람이다. 국민의 지지를 등에 업고 국민에 의해 그 자리가 지켜지지 않는 한 오래가지 못했다. 국가를 떠나 우리가 사는 지역의 작은 단체나 조직도 마찬가지다. 단지 규모의 크고 작음이 다를 뿐이지 이런 이치를 조금도 벗어나지 않는다.

　생각의 전환이란 것이 무엇일까. 나 아니면 안 된다는 생각에서 벗어나 내가 아닌 다른 사람은 나보다 더 잘할 수 있다고 생각을 바꾸는 것이다. 우리 주변에도 나 아니면 안 된다는 생각이 머릿속에 박힌 사람이 뜻밖으로 많다. 무슨 일이든 더 갈 수 있을 때 멈추어야지 만약, 멈추지 못하고 도를 넘어버리면 다시는 처음 모습으로 돌아갈 수 없다. 주변의 모든 상황이 어지럽다 싶으면 멈출 줄 알아야 한다. 더욱이 자기가 어떤 조직이나 단체의 수장이라면 뒤에 오는 사람을 위해 머물렀던 자리를 선뜻 내어주고 언제든 떠날 수 있는 여행자의 모습으로 그 자리를 지켜야 한다.

　내가 누군가를 바라보고 있는 동안 다른 누군가는 나를 바라보고 있다는 사실을 잊어서는 안 된다. 나와 가까운 사람 중에도 나 아니면 안 된다고 생각하는 사람이 더러 있다. 우리와 함께하는 정치인들도 얼마 전 중요한 직책을 맡은 특정인 한사람이 가지고 있던 것을 놓지 못하는 것을 두고 맹렬하게 질타하고 공격하는 것을 보았다. 하지만, 정작 자기가 그와 유사한 입장이 되어서는 그보다 더한 추태를 보이면서도 제 모습을 알지 못한다. 모른 체하는 건지 아니면 일부러 그러는 건지….. 그런 정치인의 모습이 바로 오늘 내 모습이고 우리임을 안다면 세상이 얼마나 아름답게 변할까. 사람은 상대의 모습을 통해 내 모습을 보고 내가 남이라 생각한 것에 내 모습이 있음을 안다면 자기 앞에 저렇게 큰 거울을 두고도 자기를 비추지 못하니 정말 안타까울 수밖에.

멈출 때 멈출 줄 알면 처음 모습을 잃지 않는다. 또한, 자기가 있던 자리를 내어주고 가야 할 때를 알고 떠나는 사람의 뒷모습은 얼마나 아름다운가. 갈 때 가지 못하고 매달린 모습처럼 구차한 게 없다.

　　땅콩을 거두었다
　　덜 익은 놈일수록 줄기를
　　놓지 않는다.
　　덜 된 놈!
　　덜 떨어진 놈!
　　　　　　－이철수－

나 아니면 안 되는 사람들 2

　살면서 다양한 직업 중 한 곳에서 오랫동안 일했던 사람에게서 흔히 듣는 소리가 그것은 "나 아니면 안 된다."는 소리다. 그런 말을 하는 사람 대부분은 십중팔구 한 직종이나 직장에 오래 머문 사람들이다. 지난 과거의 경험이나 기억에 사로잡혀 지금까지도 자기와 관련된 일을 그때 기억으로 판단하고 새로운 것도 그 기억으로 받아들이는 것이다. 내가 아는 사람 중에도 한 직장에 평생 근무하다 퇴직한 사람이 있는데, 걸핏하면 하는 소리가 그 일만큼은 자기를 통하지 않고는 안 된다는 이야기다. 그 소리를 들을 때마다 지금 그 자리에서 일하는 사람이 듣는다면 무어라 할까 생각해보면 대답할 말이 떠오르지 않는다. 하지만 지난 과거의 경력으로 남에게 잰체하며 으스대는 것인 줄 알기에 그냥 고개 끄덕이며 듣는다.

　얼마 전에도 그 사람이 했던 일과 연관된 이야기를 하던 중에 "아 그것, 내가 이야기하지 않으면 한 발짝도 못 나가요." 하며 마치 그곳을 떡 주무르듯 지금도 자기 영향력에 있다는 것을 이야기했다. 지금도 힘이 남아있고 자기가 아직 시들지 않고 살아있다는 자기과시인 줄 뻔히 알지만, 도가 넘었다는 생각이 들 때는 왜 저리도 지난 과거에 얽매여 살까 싶어 마음 한구석이 불편하다.

　삶을 황폐시키는 것은 한때 자기가 누렸던 주변의 찬사와 성공에 대한 기억이다. 때가 되면 그 기억에서 빠져나와야 할 터인데 늘 거기에 머물러 벗어나지 못하면 자기 스스로 삶을 썩게 하는 것이다. 사람은 자신을 이겨냄으로써 완성되고, 자신만을 사랑함으로써 망가진다고 했다. 옛날 기억의 울타리에서 벗어나지 못하고 고인 물처럼 점점 썩어가면서도 정작 본인만 그것을 모른다. 사람은 저마다 자신이 잘하는 일이 있기 마련이고 그 일을 찾는 것이 인생의 가장 중요한 과제다. 우리 삶에는 여러 방향이 있고, 그것도 때맞춰 자신에게 맞는 한 방향을 찾는 것은 결코 쉬운 일이 아니다. 그것을 위해 남은 인생에서 첫 번째로 해야 할 일은 바로 나 자신을 제대로 알고 나의 정확한 자리를 찾는 것이다. 그런데도 지금 자기가 가야 할 방향을 몰라 우왕좌왕한다면, 엉뚱한 곳으로 가다 결국에는 길을 잃을지도 모른다.

세상은 나 없이도 아무 일 없고 나 아니라도 잘 돌아간다는 것을 왜 모를까. 우물 안 개구리가 바다를 모를 때 자기가 돌아다니는 우물이 세상에서 제일 큰물이라고 생각하는 것처럼 우물 안을 한 발짝만 벗어나도 다른 세상이 있음을 모르는 것이다. 아니면 우물보다 넓은 세상을 보는 게 두려워 알고도 모른 척 외면하는 것일까. 이도 저도 아니면 다른 세상은 보려 하지 않고 눈만 감으면 우물 안에서만큼은 자기가 왕이 될 수 있기 때문일까. 내가 여태 살아오며 깨달은 바로는 여러 사람 눈에 비친 자기 모습만큼 정확한 게 없다. 내가 내 모습을 볼 수 없다면 남을 거울삼아 보면 된다. 참으로 간단한 것 아닌가?

나 아니면 안 되는 사람들 3

어떤 일에서든 물러나야 하는 가장 적절한 시기가 있다. 여기쯤이라고 정한 기준이 사람마다 다르겠지만, 나에게 그때를 이야기하라면 이렇게 말하고 싶다. 자기 마음에는 조금 부족하다 여겨지고 남들에게는 조금 아쉬운 생각이 드는 그때가 아닐까. 누구도 그 시기를 놓치는 순간부터 그 사람이 보기 싫어지는 법이다. 그러기 위해선 마지막 걸음을 내딛기 전 한발 앞에서 멈출 줄 아는 자제력과 자기 스스로 결단력이 있어야 한다. 그렇게만 할 수 있다면 세상 많은 사람의 존경을 받을 수 있다. 그것을 알면서도 사람들은 그 일을 쉽게 하지 못하는 것이다. 왜 그럴까 싶지만, 당사자의 속마음을 모르고서는 알 수 없는 일이다. 이런 걸 보면 말은 쉽지만 실제로 행동으로 옮기는 일이 얼마나 어려운 일인가를 알 것도 같다.

눈앞의 것에 마음이 가려져서는 안 된다. 올바른 판단을 위해서는 가까이서 보아야 할 것도 있지만 멀리 떨어져 멈추어야만 정확하게 볼 수 있는 것도 있다. 가까이서 보다 보면 눈앞에 나무 한 그루만 보이지 숲을 보지 못하는 것과 같다. 멀리서도 보고 아니면 가까이서도 볼 줄 안다는 것은 내가 나에게 주는 값진 선물이다. 그것은 항상 남의 일이라고 생각한 것이 나의 일도 될 수 있음을 알게 하는 것이다. 떠날 때 떠나지 못한 사람이 때를 맞추지 못해 그동안 쌓았던 공든 탑이 무너지는 걸 빤히 보면서도 정작 자기 일에는 눈감고 만다. 어떤 것(권력이나 명예도 될 수 있겠다)에 맛 들인 사람의 전형적 행태다. 그러나 그때가 지나고 난 뒤 생각해 보면 참 별것도 아닌 것에 추한 모습까지 보였다는 것을 알게 될 것이다.

 공직자나 일반 직장인들은 정년이 있지만, 정년이 없는 사람도 많다. 법으로 정해놓은 것은 어쩔 수 없다. 그러나 사조직(私組織)인 경우는 이야기가 다르다. 어느 조직의 지도자 중에는 물러날 때 물러나지 못하고 나 아니면 안 된다고 생각하는 사람을 만난다. 그런 생각에 사로잡혀 '한 번만 더 이번만' 하는 욕심으로 나중에는 추한 모습만 보이다가 사람들의 기억 속에서 사라지는 것이다. 자만과 자기도취에 빠진 사람은 하나같이 나 아니면 안 된다는 생각을 하지만 자기 아니라도 세상은 변하지 않는다. 그리고 자기가 아닌 다른 사람은 자기보다 더 잘할 수 있다는 사실을 인정하는 일이 그리 어려운 일만은 아닐 것인데 사람들은 왜 그것을 모를까.

 때를 모르고 우왕좌왕하는 사람은 적당한 때 물러나 멈추어 서서 세상을 바라보는 사람이 항상 그들을 앞서고 있다는 것을 모른다. 자리를 보전하기에 실패하거나 쓸모없어져 마지못해 물러난다면 그 행색이 얼마나 초라하겠는가. 그가 본래 가졌던 모습은 온데간데없이 사람들에게 좋지 않은 기억만 남게 될 것이다. 이런 결과를 생각한다면 제때에 물러나는 것이 인생을 얼마나 근사하게 만드는 일인가를 알 수 있지 않을까. 인생은 자기의 처지에 따라 당당히 맞서는 것보다 이리저리 돌아가거나 피해야 하는 상황이 있다. 단체나 조직을 대표하는 지도자 정도면 내가 해도 될 일과 해서는 안 될 일에 관한 판단쯤은 남에게 묻지 않고 스스로 할 수 있어야 한다. 그런 다음 결단의 순간에 올바른 결정을 하는 게 진정한 지도자의 모습이다.

 물러날 때 결단하지 못하는 사람일수록 사실은 자신이 사람들을 위해 아무것도 할 수 없음을 자기는 알고 있다. 그것을 알면서도 자기 야망과 욕심을 채우기 위해 지키지 못할 약속을 늘어놓는다. 나중에는 많은 사람을 위한 것이라면 자기의 모든 것을 바치겠다고 한다. 그렇게 비장한 말은 아무 곳에서나, 아무에게나, 쉽게 하는 것이 아니다. 나는 '나 아니면 안 된다'는 사람과 어떤 일에서건 걸핏하면 자기의 모든 것을 바치겠다는 사람 말은 이제 다시는 믿지 않는다. 하지만 그런 약속을 제대로 지키는 사람을 볼 수만 있다면 나는 그를 누구에게나 존경받을 사람으로 생각하고 싶다.

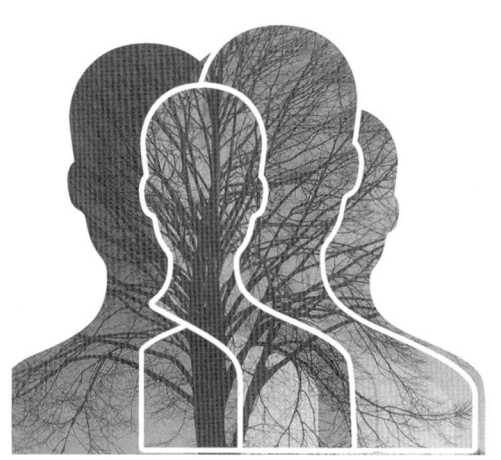

3부

때로는 가까이
혹은, 멀리 있는 사람들

자기 삶의 양식이 자기에게서 나오지 않는 삶,
세상과 관계하는 방식이 자기에게서 나오지 않은 것은 생명력이 없다.

때로는 가까이
혹은, 멀리 있는 사람들

　중국 전국시대 말기 여불위(呂不韋)가 쓴 여씨춘추 라는 책에 이런 글이 있다. "무릇 사람의 기량을 평가함에 있어서 평가되는 사람이 두루 통달한 사람이면 그가 예를 표하는 바를 보고, 재물이 많은 사람이면 그가 육성하는 바를 보고, 그 사람의 말을 듣고는 그것이 그의 행하는 바와 부합하는 지를 보고, 임금의 측근에 있는 사람이면 그 진언하는 말을 보고, 궁핍한 사람이면 분명하지 않은 재물을 받지 않는가를 본다. 또한 그를 심히 기쁘게 하여 비틀거리는 가를 시험하고 격노하게 하여 그가 절개를 절제할 수 있는가를 시험하고 두렵게 하여 지조를 지키는가를 시험하고 슬프게 하여 그 사람됨이 변하지 않는가를 시험하고 고통스럽게 하여 의지를 바꾸는가를 시험한다." 그 시대에 벌써 사람을 평가하는 방법이나 기준을 어쩌면 이리도 엄정한 잣대로 꿰뚫어보았는지 모르겠다. 마치 요즘 어느 인문학자가 쓴 것처럼 생생한 목소리다.

　여불위는 2,000년 전의 사람이다. 그 시대 사람이 사람을 보는 눈이나 지금 이 시대를 사는 사람이 사람을 보는 눈은 크게 다르지 않다. 오히려 더 분명해지는 게 요즘 세상 사람들 모습 아닌가 싶다. 궁금한 것은 이 같은 평가를 모두 통과하는 사람이 요즘 세상에 있기나 할까. 이 사회의 엘리트 중에서도 엘리트라 자처하는 사람도 그들과 같은 부류의 사람이 정한 청문회 기준 하나를 제대로 통과하지 못하는 사람이 널브러진 세상이다.

남을 비방하는 사람

세상을 살아가며 어려운 일 중의 하나가, 내 딴에는 바르게 한다고 하는 일을 두고 남에게 비방을 듣는 일이다. 그것이 내가 쓰는 글과 관련된 것이라면 더 견디기 어렵다. 어쩌다, 정말 어쩌다 한 번씩은 어려운 지경을 만날 때, '이놈의 글 써야 하나, 말아야 하나.' 하는 마음이 일어날 때가 있다. 젊은 시절 우리가 흔히 아내와 심하게 다투는 날 홧김에 속으로 되뇌는 '이놈의 여편네하고 살아야 하나 말아야 하나' 모진 생각을 하며 바깥으로 나가 소주 한 잔에 담배 피우며 화를 삭이던 시절도 있었다. 다른 사람의 비방에 울컥하며 올라오는 마음에도 차라리 이런 넋두리라도 할 수 있다면 백번이라도 좋겠다.

중요한 것은 아내와 다투는 것은 칼로 물 베듯 돌아서면 잊어버린다. 하지만, 글 쓰는 일로 말미암아 생긴 속상함은 시간이 가도 잘 아물지 않고 상처가 되는 것이다. 그 흔적은 가슴속에 오래 남는다. 총명한 사람이 자기 스스로 몸을 망가뜨리는 첫째가 남을 헐뜯고 비방하는 일이라고 했다. 나는 이날까지 고금(古今)을 통해 남을 비방하는 사람이 나중에 잘되는 것을 보지 못했고, 다른 사람에게 존경받는 것도 보지 못했다. 혹시라도 자신이 그럴지도 모른다는 생각이 들 때 이것 한 가지는 명심해야 한다. 남을 비방하며 헐뜯는 사람의 독사 같은 내 입술을 보며 사람들은 과연 어떤 생각을 하게 될까, 하는 마음으로 자신을 돌아보는 일이다.

남들 앞에서 다른 사람을 비난하는 것처럼 비겁한 것은 없다. 그중에서도 무엇보다 보기 싫은 것은 당사자 앞에서는 칭찬을 늘어놓고는 돌아서서 욕하는 모습이다. 얼마나 비열하고 추한 모습인가. "입에 들어가는 것이 사람을 더럽게 하는 것이 아니라 입에서 나오는 그것이 사람을 더럽게 하는 것이니라.(마태복음 15장11절)"라는 성경 말씀도 한 번쯤 떠올려볼 일이다.

이런 마음을 한 나라의 지도자가 갖고 있다면 그 사회는 혼란에 빠지기 쉽다. 그뿐만 아니라 지역마다 산재한 무슨 단체나 조직의 지도자들도 마찬가지다. 이 같은 현상은 정치판과 우리 사회 구석구석에 사람이 모이는 곳이면 어디든 철저하게 스며있다. 무슨 동네패거리처럼 서로 편 갈라 칸 지르고 자신들의 뜻과 맞지 않으면 울타리 안에 가두어 놓고 상대편을 헐뜯고 비방하는 것이다. 바른 의식과 품격 있는 사람들은 절대 이런 모습을 보이지 않는다. 예나 지금이나 이 같은 자질이 있고 없고는 지도자가 될 사람의 기본적 소양을 가늠하는 잣대가 되었다.

이제 우리는 바람의 방향을 똑바로 아는 뱃사공이 되어 자신을 제대로 끌고 갈 힘을 키워야 한다. 아무런 근거 없이 나를 비방한다고 해도 내가 잘못한 일이 없으면 상대에게 말대꾸하는 것은 어리석음이다. 만약 그런 일로 상대와 맞선다면 그때부터 상대는 '옳다구나' 하고 오히려 비방이 끄나풀이 되어 말대꾸한 자신에게로 돌아오는 것이다. 그러니 누군가 자기를 비방해도 근거 없는 것이면 그냥 침묵해야 한다. 그러는 상대에게 비방으로 되갚으려는 것은 타오르는 불 속에 장작을 던져 넣는 것과 같다. 그냥 가만히 입을 다무는 것만으로도 나는 이미 그들을 이기고 있다고 자부해도 된다.

사람이면 누구든 자기에게 가장 큰 힘이 될 것으로 믿었던 사람에게서, 자기가 어려울 때 오히려 외면당하는 것과 거기에 한술 더 떠 비방하는 말을 듣는 것은 더없이 슬프다. 어쩌면 사람은 자기와 가까울수록 더 많이 상처받고 또 주는 건지도 모른다. 멀리 떨어져 있으면 훨씬 덜 하겠지만 아이러니하게도 가까이 있으면 더 그럴 수도 있다. 자기가 낳은 자식에게 버림받는 일이나 낳은 자식을 버리는 일 같은 것, 더는 가까울 수 없기에 버리고 또 버림받는 일이다.

상 받는 사람들

 옛날 어른들 말씀에 못 먹어서 생기는 병은 잘 먹으면 금방 낮지만, 너무 많이 먹어 생긴 병은 고치기 어렵다는 말을 들으며 자랐다. 무엇이든 모자라는 것보다 넘치면 탈이 나는 것이 세상 이치다. 살아보면 세상 모든 것은 이런 순리를 한 치도 벗어나지 않는다. 이쯤이라는 생각이 들 때 멈추지 못하면 반드시 부작용이 따른다. 예컨대 우리가 먹는 음식도 귀한 것일수록 맛있게 느껴지는 법이다. 나는 어릴 때 바나나를 처음 먹으며 귀한 것이라는 생각 때문에 껍질째 먹는 것으로 알았다. 그만큼 귀하기도 했지만 두 번 다시 먹기 어렵다는 생각이 들어서다.

 세상이 변해 옛날에는 보기도 어려울 만큼 귀한 것들이 요즘은 어디를 가도 지천이다. 지금은 너무 흔하다 보니 이것이 옛날에는 그렇게 귀한 것이라는 실감이 나질 않는다. 무엇이든 흔하면 실제로는 귀한 것이라도 옳은 대접을 받지 못하는 것이다. 무슨 행사 때마다 툭 하면 받게 되는 상장이라는 것도 이와 다르지 않다. 요즘은 상장의 대상이 예전과 비교할 수 없이 다양해졌다. 사랑도 지나치면 오히려 화가 될 수 있고 아무리 인색한 것일지라도 때에 따라서 오히려 기쁨이 될 수 있는 게 세상의 묘한 이치인데 지금은 그런 마음을 느낄 수조차 없다.

 사회생활을 하다 보면 이런저런 이유로 상을 받게 되는 일이 있다. 칭찬받는 것 같아 우선은 기분 좋은 일이지만 그것도 너무 잦으면 별로 실감이 나지 않는다. 나 말고도 같은 이유로 이 사람 저 사람 모두 상을 받게 되면 상장의 희소가치도 없어지게 되고 상장으로서의 의미를 잃어버린다. 학창시절에 받는 상도 힘들고 어렵게 받는 상일수록 받는 기쁨은 더 컸다. 상을 받아오면 아버지는 액자에 넣어 잘 보이는 벽에 걸어 놓고 집에 오는 손님이나 동네 사람들에게 은근한 자식 자랑을 상장이든 액자를 가리키며 하는 것이다. 그런 상장 하나는 부모의 삶을 추동하는 힘이 되었다.

그때는 개근상 하나에도 기쁘고 자랑스러웠다. 하지만 요즘은 상장이 너무 흔하다는 생각이 든다. 어느 곳을 가든 수시로 상장이나 상패가 수여되고 이제는 상장이 그 가치를 잃어버린 지 오래다. 너무 남발하다 보니 웬만한 것은 권위도 떨어지고 의식 있는 사람들은 그런 상장을 받는 것이 그리 달갑지 않을 것이다. 상장과 함께하는 상금이나 상품이 있는 경우는 받는 사람이 그에 대한 의미가 조금은 달라지겠지만, 딸려오는 상품 없이 달랑 상장 한 가지뿐이라면 받고 나서 금세 잊히는 종이 한 장에 불과하다.

상장의 권위를 되살릴 방법은 없을까. 그것은 뜻밖에 간단하다. 음식처럼 많이 먹지 않으면 된다. 음식은 조금 모자란듯해야 맛이 있지만, 너무 많이 먹게 되면 그 맛을 잃어버린다. 마찬가지로 상장을 적게 만들면 그만큼 권위는 올라간다. 무엇이든 귀하면 그것에 대한 가치는 저절로 올라가게 되어있다. 주는 사람이나 받는 사람이 이런 이치를 제대로 안다면 상장을 쉽게 만들지 않을 것이다.

상 받는 사람들 2

언젠가 어느 행사장에 갔더니 행사 중간쯤에 상장을 주고받는 시간이 있었다. 한두 사람이 나왔을 때는 손뼉을 쳤다. 하지만, 갈수록 상 받는 사람이 불어나고 단체상이다 뭐다 해서 시상대 앞은 시상품과 상 받는 사람으로 장터 마당처럼 북적거렸다. 참석했던 대부분 사람이 상 받기 위해 온 사람 같았다. 나도 덩달아 상 받는 사람으로 보일까 싶기도 하고 괜히 멋쩍은 생각이 들어 행사장을 나와 버렸다. 나보다 앞서 나가는 사람은 "어이구 개나 소도 받는 상 저게 무슨 상이라고," 빈정거리며 안에 있는 사람더러 빨리 나오라는 손짓을 하고는 밖으로 나가는 것이다.

내 마음이 그래서일까, 상 받는 사람 중에는 정말 감사한 마음으로 상 받는 사람이 없어 보였다. 주는 사람이나 받는 사람 모두 뭔가 값 내려가고 행사 자체도 시시해 보이는 것이다. 주는 쪽에서는 되도록 상 받는 사람을 많이 만들어 나누어주려는 그 뜻을 모르는 건 아니다. 상을 받으며 자긍심도 생기고 남에게 자기 존재감을 드러내는 일은 삶의 활력이 되기도 한다. 그러나 걱정되는 것은 상을 자주 받다 보면 그 상황에 익숙해져 처음의 신선함을 잃어버릴지도 모른다는 생각 때문이다. 무엇이든 많으면 귀한 것도 천하게 보이고, 적으면 귀하게 보이는 것이 세상 이치 아닌가.

상장이 상으로서의 가치를 상실하면 그것은 버려지는 종이 쪼가리에 불과하다. 상장이 그 가치를 가질 때는 볼 때마다 그때의 감정이 되살아나는 것이다. 그 순간은 자신에 대한 자긍심을 가지게 되며 시상대 앞에서 자랑스럽던 자기 모습을 돌아보게 한다. 강렬했던 당시의 기억 속에 잠시라도 머물며 그 시간으로 자신을 데려가는 것이다. 반대로 무언가 상장을 받긴 받았는데 기억에서 멀어져 가물거리며 거의 잊히는 상장도 있다. 그것은 오래전 상장으로서 가치를 잃은 것이다. 내게 있으나 마나 하는 그런 상장은 아무리 많은들 거추장스러운 짐만 될 뿐 살아가는데 아무 소용없다.

우리가 더 비중을 두는 것은 상장을 받는 사람보다 주는 사람이 누구인지, 또 상장이 어떻게 전달되느냐에 따라 그 가치는 달라진다. 남이 대신 읽고 대신 전달하는 거라면 상장의 의미가 반감되는 게 받는 사람의 심리다. 그저 고만고만한 사람에게 받은 상이면 그냥 갈피에 끼워두거나 상패는 상자에 넣어 농 위나 책상 구석에 엎어놓는다. 그런 까닭은 상장의 권위와 가치는 누가 만들어주는 것이 아니라 주고받는 사람 스스로가 만들기 때문이다. 그 방법은 정말 간단하다. 상을 남발하지 않으면 그 가치와 권위는 저절로 올라가는 것 아닌가.

단 한 번을 받더라도 결정적인 상장 하나는 내 삶을 변화시키는 계기가 될 수 있다. 상장하나가 삶을 송두리째 바꾸는 것이다. 그런 상장은 그 사람 말대로 주는 사람 마음 따라 누구나 받는 상이 아니라 상을 받을 만큼의 값을 하지 못했으면 절대 받을 수 없는 상이다. 내 인생에서 그런 상장 하나 받을 수 있다면 그것으로 더 바랄 게 없겠다. 그것 하나로 내 삶을 바꿀 수 있고 실마리가 될 수 있는 값있는 상장 말이다.

프로필

가깝게 지내는 문인들과 이런저런 이야기를 하던 중에 누군가가 "이 선생님, 사람들이 책을 읽을 때 맨 앞쪽 프로필을 보고 읽을지 말지를 결정한다는데 선생님 생각은 어떠세요?" 하고 물었다. 느닷없는 질문에 꼭 나를 두고 묻는 것 같아 잠시 당황스러웠다. 나 스스로 제 발 저린 내색을 하게 될까 봐 조심스러웠다. 그리고는 이렇게 말했다. "물론 프로필이라는 것은 한 사람을 가늠하는 중요한 판단 도구가 될 수 있겠지만, 어떤 작품을 그 사람 프로필의 울타리에 가두어놓고 그것과 비교해 읽을지 말지를 판단하는 것은 책을 읽는 사람의 바른 태도가 아닙니다"라고 했다. 그 이유는 작가의 프로필이나 이름을 보고 책을 읽는다면 거기에 얽매일 공산이 크기 때문이라고 덧붙였다.

사실 그렇게 말하는 나는 누구에게 내보일만한 학력이나 경력도 없고 프로필이라고 쓸 만한 게 없다. 그렇다고 이것저것 끌어들여 써봤자 말짱 헛것임을 안다. 내 자격지심 때문인지 언제나 이런 상황이 오면 나만의 울타리 안에서 나오기가 싫다. 이것이 프로필이 빈약한 나의 자기방어가 되고 의지처가 되어준다면, 한사코 내가 만든 울타리를 벗어나고 싶지 않은 게 솔직한 심정이다. 그러나 언제부턴가 차츰 생각이 달라지는 것이다. 이유는 어떻게 해도 달라질 것 없다는 생각에 차라리 있는 그대로를 내보이겠다는 당당함 같은 게 생겼기 때문이다. 꽃도 나름대로 피어 자태를 뽐내고 향기를 뿜는다. 그러니 못났다고 기죽지 말고, 없다 해서 절망하지 말고, 잘났다고 뻐길 것도 없고, 있다고 교만

하지 않아야 한다는 걸 깨달았기에 생긴 자신감이다.

 지금까지 살아오면서 깨달은 것 중 하나가 가슴 설레도록 좋은 일은 무작위로 방문하지 않는다는 사실이다. 언젠가 나는 책을 읽다 이 말에 밑줄을 긋고 메모지에 옮겨놓았다. "행운은 준비된 곳에만 방문한다. 현실의 눈으로 보면 이룰 수 없는 꿈이나 목표일지라도 조용조용 준비하면서 차분하게 기다리면 언젠가는 행운의 여신이 악수를 청하게 되어 있다. 단지 여신이 비행기를 타고 올 수도 있고 기차를 타고 올 수도 있고 정류장마다 서야 하는 완행버스를 타고 올 수도 있기에 시차가 생길 뿐이다." 최재천 교수의 글이다. 나 역시 나와 비슷한 연배인 교수의 말을 내 것으로 생각하는 것이다. 그리고 누군가와 프로필에 관해 이야기하다 머릿속이 오그라들 때는 교수의 말을 떠올리며 마음을 추스르곤 했다.

 나는 지금의 내 모습에서 어느 것 하나 보탬 없이 있는 그대로를 사랑하며 열심히 살아갈 것이다. 프로필을 써야 할 일이 있다면 내가 노력해서 얻은 내 것 말고는 어떤 것도 보태거나 욕심 부리지 않을 생각이다. 거기에 그럴듯하게 포장하지 않을 것이고, 앞으로의 일을 섣부르게 예측하며 객기 부리지도 않을 생각이다. 내가 가진 대로 현재의 프로필에 충분히 만족하며 살아갈 생각이다. 인생은 온전히 내 것이기에 어떻게 살 것인지는 내가 선택하고 결정해야 하는 것 아닌가. 분명한 것은 어떤 일이 있어도 타인의 시선을 의식하거나 그 기대를 충족시키기 위해 살지는 않을 것이다.

 학벌이나 경력이 중요하긴 하다. 그것은 그 사람 이력을 말해주는 것이니 그것을 보고 판단하는 것을 그르다 할 수는 없다. 단지 학벌이나 경력만으로 그 사람을 내려 보거나 올려보는 것만큼은 안 했으면 싶다. 더구나 문학이라는 것을 그런 경계에 가두어 판단하는 것은 생각이 한

쪽으로 흐르기 쉽다. 자기보다 높은 사람에게 고개 숙이는 것은 누구나 할 수 있지만, 정말 실력 있는 사람은 자기보다 낮은 사람에게 고개 숙일 줄 아는 사람이다. 그런데 요즘 그런 사람을 만난다는 것은 생각조차도 못 할 일이다.

 겉모습에 시선이 가려 속의 것을 제대로 보지 못하는 게 지금 우리 모습이다. 중요한 것은 겉으로 치장된 것이 아니라 그 사람이 지금 하는 일과 그 일을 대하는 자세와 태도를 보고 그를 평가해야 한다. 우리가 요즘 흔히 하는 말대로 세상에서 제일 비싼 금이 '지금'이라 했는데 과거의 모습도 미래의 모습도 아닌 지금의 모습을 보고 판단해야 하지 않을까. 그러면 그 사람 미래의 모습이 지금 모습 안에 고스란히 현존(現存)하는 것을 보게 될 것이다.

선거와 후보자

내가 몸담은 단체에 선거가 있었다. 인터넷에 게재된 후보자의 경력소개란을 보면 화려하다. 어떤 사람은 갖은 이력에 그만 입이 벌어질 정도다. 나 같은 사람은 아무리 하고 싶어도 자기 경력을 쓰는 빈칸에 서너 줄 채우기도 힘들어 부끄러워서라도 못 나갈 것 같다. 내가 잘 아는 사람은 40줄에 가깝고 또 다른 누군가는 A4용지 한 장에 가까운 사람도 있다. 길지 않은 시간에 어떻게 저리도 많은 경력을 쌓을 수 있었을까 하는 생각이 들었지만, 사실을 말하는 것이니 믿을 수밖에는.

그러나 중요한 것은 그 사람의 경력을 찬찬히 살펴보면 지금 그 사람이 하는 일 말고는 하나도 눈에 들어오는 게 없다. 나는 그것을 보며 이런 생각이 들었다. 지나간 것이라도 그런 경력이 당사자에게는 의미 있는 것인지 모르지만, 보는 사람은 남을 위해 선행한 것 말고는 다른 것에는 별 관심이 없다. 그러니 프로필에 알려야 할 것이라면 학문적인 업적이나 많은 사람이 고개 끄덕이며 공감하는 저서(著書) 정도가 아닐까 싶다.

왜 사람들은 암컷 앞에서 날개를 펼치며 뽐내는 공작처럼 남의 눈에 저토록 화려하게 보이고 싶을까. 짝을 찾아 온종일 울어대는 매미처럼 남의 이목을 끌려고 하는지 모르겠다. 또 모를 것은 그것이 자기를 위한 것이든 남을 위한 것이든 이미 지나간 것인데, 과거에 정승이면 어떻고 시장바닥 짐꾼이면 어떤가. 예전에 공자도 출신을 묻지 말고 가정

사를 묻지 말며 오로지 훌륭하면 등용하라고 했다. 당사자의 지난 경력이 자랑하고 싶은 빛나던 경력이라도 이미 지나간 어제 일을 어깨에 지고 있어 봐야 발걸음만 무겁다. 진정으로 많이 가진 사람은 가졌던 것을 버릴 줄도 아는 사람이라는 걸 깨달아야 하는데 그것이 정말 어렵긴 어려운 모양이다. 저렇듯, 아무런 소용없는 것을 단 하나도 버리지 못하고 끝까지 지고 가려는 그 사람은 자기 나름대로 이유가 있을 것이다.

그렇다고 길게 쓰는 경력을 무조건 부정하는 것은 아니다. 길더라도 꼭 알려야 할 일이면 알려야 한다. 그런 경우도 남들이 그것을 인정하고 존중할 때다. 꼭 그렇게 하지 않아도 된다면 핵심이 되는 간단한 이력만으로도 자기를 소개하는 것이 좋다. 그 사람이 여기까지 올 때는 그만한 능력을 갖추었음을 사람들이 가늠할 수 있게 하는 것도 괜찮지 않은가. 정말 능력을 갖춘 사람이라면 자기가 알리려고 하지 않아도 남이 먼저 알아보는 법이다. 시인 OOO, 과학자 OOO, 의사 OOO, 교수 OOO, 화가 OOO처럼 그것 하나로 모든 걸 말해주는 그런 경력이었으면 좋겠다.

가진 것이 많고 적음에 따라 사람을 내려다보고 올려보는 것만큼 천박한 일도 없다. 사람 대부분은 남들의 시선을 의식하고, 나에 대한 좋은 평가와 인정받고 싶은 것은 지극히 정상이다. 하지만, 그 많은 경력의 나열이 타인의 기대와 시선 때문이라면 자신을 잃어버릴 수도 있고 그것은 거울에 비친 그림자일 뿐이다. 소학(小學)에 이런 구절이 있다. 남이 나를 알아주기를 원하는 방법은 "내가 맡은 직책과 일을 부지런히 행하고 그 밖의 것에 대해서도 신중하게 하지 않는 일이 없다. 이것이 내가 남들이 알아주기를 구하는 방법이다."라고 했으니 자기를 알리는 진정한 프로필이 이것 말고 또 무엇이 있겠는가.

한국의 선비문화

일본의 성산인 히예산에 있는 비석에 조천일우(照于一隅) 차즉국보(此則國寶)라는 말이 적혀 있다고 한다. 오직 한자리만 비추는 것이 있으면 그것을 우리는 나라의 보배로 삼는다는 말이다. 일본 사람의 말이지만 내 마음에 와 닿는다. 사람이 어떤 단계에 도달하는 것에는 특정한 방향이 정해져 있다고 생각되지 않는다. 그리고 배움을 통해서만 경지에 도달하는 것도 아니다. 나는 세상 경험 속에서 한 가지 일을 통해 부단한 노력으로 남이 쉽게 오르지 못할 경지에 도달하는 사람을 많이 보았다.

일본에는 남보다 뛰어나게 잘할 수 있는 것 한 가지만 있어도 그것으로 존경받는다고 한다. 우리나라에도 같은 경우가 간혹 있기는 해도 오랜 선비문화와 문(文)에 대한 우월감으로 학문적인 성취가 아니면 대접받기 어렵다. 사람이 사람에게 대접받는 가치 기준이 일본과는 많은 차이가 있다. 그 기준에 맞춘다는 것은 글을 모르는 평민들은 꿈도 꾸지 못 하는 일이다. 양반이나 선비가 아니면 누구도 대접받기 어렵다. 더구나 우리는 선비가 아니면 치를 수 없는 과거시험이라는 높은 문턱이 있어 더 그렇다. 그런 전통이 오백 년을 지나고 지금까지 이어지는데, 그런 문화가 바뀌려면 얼마만큼의 시간이 더 흘러야 할지 알 수 없는 일이다.

시대가 바뀌며 많이 달라졌다고는 하지만, 그 흔적은 아직 사회 곳곳에 남아 우리 생활 전반에 적지 않은 영향을 미치고 있다. 오히려 우리가 사는 현재 사회는 그런 문화가 모습만 달리했을 뿐이지 예전보다 훨씬 다양해졌다. 거기에다 어느 나라에 뒤지지 않을 교육열까지 보태져 옛날보다 더욱 진화한 형태로 발전했다고 해도 틀린 말 아니다. "금수저, 은수저, 흙수저"라는 타고난 처지에 따라 신분이 달라져 사람간의 차이는 더 벌어지고, 예전에는 흔히 들었던 개천에서 용 났다는 말이 이제는 뜬구름 같은 소리가 된 지 오래다.

아무튼, 초등학교에 입학하면서부터 대학을 졸업할 때까지 시험의 연속이다. 사회로 진출하면서도 직장에 들어가기 위해 학교와는 다른 시험으로 사람을 몰고 간다. 그뿐인가, 스펙을 쌓는다며 자격증 얻는 시험에서도 오랫동안 헤어날 수 없다. 한사람 거의 반평생을 시험 치르느라 날이 지새는 것이다. 이제 막 싹이 터서 자라날 무렵이면 공부가 아닌 또 다른 것을 때맞춰 배워야 할 것이 있다. 하지만, 그런 시간을 상실한 채 학습과 시험에 매달려야 하는 청소년을 볼 때면 마음 아프다.

무엇에든 호기심 많을 시기에는 구속되지 않은 발랄한 심리 상태가 계속되어야 한다. 그래야만 지적 창의성이 발휘되고 진정한 힘이 만들어지는 것인데, 공부와 시험에 얽매어 크기도 전에 시드는 청소년이 얼마나 많은가. 지나치게 일찍 많은 것을 경험하고 노숙해진 젊은이들은 그들 특유의 장난기 많고 미숙한 모습을 보일 기회가 없다. 앞당겨 생활전선에 뛰어들어 생활인이 된다는 것은 많은 것을 잃고 사는 것을 의미한다. 자기 삶의 양식이 자기에게서 나오지 않는 삶, 세상과 관계하는 방식이 자기에게서 나오지 않은 것은 생명력이 없다. 그것은 남이 만들어 놓은 세상에서 사는 일이고 그들이 끄는 밧줄에 매여 끌려 다니는 가축처럼 자기를 잃은 삶을 사는 것이다.

세상을 어떤 방법으로 살든 자기 몫대로는 살겠지만, 인생은 단 한 번 뿐이라는 걸 잊지 않아야 한다. 비록 자기에게 부족한 게 많더라도 그것을 내 것으로 알고 진심으로 끌어안을 때 비로소 완전한 인생을 살게 될 것이다. 양극화된 사회의 바탕은 개인을 이렇게도, 저렇게도 만든다는 사실을 알아야 한다. 중요한 것은 사회에서 자신감을 잃은 사람이 스스로 움츠러드는 일이다. 움직이고자 하는 욕망과 잠재력이 자기 자신에 의해 말살되는 것, 심리학자는 이런 현상을 '자기 불구화(self-handicapping)라고 정의했다. 그것이 얼마나 무서운 일인가. 외부의 힘에서가 아니라 자기 스스로 만들어내는 이 같은 울타리는 본인이 아니면 뛰어넘을 수가 없는데, 우리 사회가 이를 가로막고 있다.

한국인과 학문의 전통

　세계 어느 나라와 비교해도 문(文)의 전통이 우리나라만큼 강한 나라는 없을 것이다. 대학진학률이나 문맹률에서 다른 나라와 비교가 안 된다. 이런 사회에서 살아남기 위해서는 인생의 상당기간 개인의 행복 같은 건 이미 물 건너간 지 오래다. 국가별 행복지수 운운할 것 없이 치열한 경쟁에서 이기는 길은 공부뿐이라는 생각이 머릿속에 박혀있다. 그 난관을 통과해야 성공한 사람으로 대접받으며 행복한 인생을 살 수 있다고 믿는다. 우리 국민의 교육에 관한 열망은 예나 지금이나 식는 법이 없다. 죽도록 공부해야만 남과의 경쟁에서 이길 수 있다는 심리적 압박을 못 견뎌 목숨을 끊는 학생도 있다. 이런 과정은 우리나라 사람이면 대부분 태어나면서부터 겪어야 하는 일이다. 공부와 시험이라는 두 가지에 대한 열망은 이미 오래전부터 우리 몸속의 DNA와 같다.

　그 과정에서 개인의 성취감이라는 것은 남과의 경쟁에서 이겼을 때, 아니면 어려운 시험에 붙었을 때 잠깐이다. 하지만 오랫동안 행복을 가져다주지는 못한다. 주변을 돌아보면 성공했다고 생각하는 사람 대부분이 실제로는 행복하지 않은 경우가 얼마나 많은가. 처음 시험을 통과했을 때는 세상을 다 가진 듯 기뻐하지만, 얼마 못 가 그 행복이라는 것이 물에 비친 그림자일 뿐이라는 것을 알게 될 때면 그 허무감은 말할 수 없이 크다. 그것은 행복의 정의가 잘못되었기 때문이다. 행복이란 자기 스스로 행복하다고 느낄 때라야 진정 행복한 것이지, 남에게 보여주기 위한 것은 돌아서면 허무하고 외로움만 불러들인다. 그런 자기과시는 남들의 시선에서 벗어나면 올라간 것보다 훨씬 더 밑으로 떨어지게 되는 법이다.

남이야 뭐라고 하던 내가 행복하면 그것이 전부다. 시험과 그것을 통해 얻어지는 경력이 중요한 게 아니라 사람의 능력이 얼마만큼 인가에 따라 대접받는 사회, 능력이 우선 되는 사회가 그립다. 이력서에 수없이 나열되는 경력이라는 것이 경력이 없는 사람에게 얼마나 불공평한 스트레스를 주는지 모른다. '경력 쌓기 위해 노력하지 않았으니 당연한 결과 아닌가.' 하고 되물을는지 모르지만 그게 아니다. 사람은 저마다 자기가 가야 할 길이라는 게 있고, 살면서 담아야 할 그릇의 크기가 다르며 각자 제 몫이 있는 법이다. 세상에 나오며 주어진 데로 자기의 몫만큼 살다 가는 것이지만, 무엇을 하며 살았는가보다 어떻게 살았는가가 중요하지 않겠는가.

노자(老子) 이야기를 끌어들일 것 없이 가진 경력이 많은 사람은 자기 노력도 있겠지만, 경력이 적은 사람들 때문에 이득을 보는 것이다. 사람마다 모두 고만고만하게 엇비슷한 경력을 가졌다면 자기가 가진 경력이 돋보이고 자랑스러울 게 하나도 없게 된다. 모자라는 게 있으므로 가득 찬 사람이 있게 되는 세상 이치를 깨닫는다면 남보다 많이 써 내려가는 이력이 그리 자랑스러운 것만은 아닐 것이다. 그러니 경력이 적은 사람의 크기나 많은 사람의 크기는 똑같은 것이고, 세상을 사는 무게 또한 조금도 다르지 않다.

이게 무슨 억지소리냐고 하겠지만, 이런저런 여러 가지 경력이 없어도 한 가지 일을 깊이 있게 꿰뚫어 일가를 이룬 사람들이 얼마나 많은가. 찬찬히 살펴보면 우리가 경력 쌓기에 미처 관심 없어 그렇지 우리 주변만 하더라도 뛰어난 피아니스트, 각 분야의 예술가, 또 인간문화재, 사회 각 분야의 기능장, 요즘 TV에서 관심 끄는 서민 갑부들과 존경받는 종교인과 정치가의 삶을 떠올리면 수없이 많다. 그러니 쓸모없는 경력이 아무리 많아 본들 아무 곳에도 쓸데가 없다. 중요한 것은 살아있는 동안 자신과 남을 위해 값있게 쓸 수 있는 것이 아니면 말짱 헛것이다.

　그런 사람들의 프로필에 나열할 게 무엇이 있겠는가. 단 한 줄, 한 줄의 경력이 모든 걸 말해주는 시(詩)와 같은 삶을 사는 사람들이다. 바로 그 모습이 드러내지 않으면서도 드러내는 것이다. 한 줄 경력 안에 어떤 것이 숨어 있을까를 생각하는 것은 그것을 보고 판단하는 사람의 몫이다. 대부분 사람은 나를 바라보는 남의 시선에 신경을 쓴다. 남에게 인정받고 싶고 남들의 시선을 의식하고 남의 평가에 관심을 두는 것은 정상이다. 하지만, 꼭 명심해야 할 것이 있다. 만약 그것이 지나치면 자칫 프로필이라는 것에 얽매어 자신의 본래 모습을 잃어버릴 수도 있다.

질투와 비교본능

　우리가 세상을 살아가며 어떤 것이든 다른 사람과 자신을 비교하는 것은 사람의 본능이다. 남과 비교하는 마음이야 어쩔 수 없는 일이지만, 그것이 도를 넘어 질투의 감정으로 변하는 것을 보면 걱정스럽다. 질투의 감정은 가까운 이웃이나 친구, 심지어 가족이라는 울타리마저도 없다. 오히려 가까우면 가까울수록 더 무서운 것이 질투의 감정이 아닌가 싶다. 대부분 사람은 남들이 잘되어 성공했다는 소리를 들으면 제일 먼저 생기는 것이 분노와 질투의 감정이라고 한다. 도대체 인간은 왜 그럴까.

　거지도 백만장자는 부러움의 대상이 아니다. 자기와 처지가 엇비슷한 다른 거지를 질투하는 것이다. 호랑이가 고양이를 질투하지 않는 것처럼 고양이 역시 호랑이를 질투하지 않는다. 아예 처음부터 체급이 다르면 질투의 감정이 생기지 않는다. 주변을 둘러보면 다른 사람의 불행이 자신의 기쁨으로 변하는 일이 얼마나 많은가. 그것은 나도 마찬가지다. 바둑을 둘 때도 이제 겨우 7~8급 기력밖에 안 되는 사람은 프로바둑 기사를 경외의 대상으로 생각하지 질투하지 않는다. 하지만 실력이 동급으로 비슷한 사람끼리는 지치지도 않고 밤새도록 바둑을 두며 티격태격 서로 다툰다. 사람은 제가 담을 만큼의 그릇이 있다. 사람마다 다른 그릇의 크기로 내가 인간의 삶을 이야기한다는 것은 내 능력 밖의 일이지만 이것 하나만은 알고 있다. 큰 그릇을 가졌다고 작은 그릇을 가진 사람보다 사람 자체가 다르고 꼭 행복하다고 할 수 없다는 것과 그릇의 크기에 따라 행복의 크기가 달라지는 게 아니라는 말이다.

사람에겐 저마다 타고난 한계가 있게 마련이고 어쩔 수 없이 그걸 운명적으로 떠안고 살아갈 수밖에 없는 일이 있다. 우리가 그것을 안다면 먼저 내 것으로 받아들일 줄 아는 삶의 자세가 자신이 가야 할 길을 찾는 가장 빠른 지름길이다. 삶의 품격은 겉모습이 아니라 스스로 느끼는 만족감이나 자긍심에 따른 내적인 풍요로움이다. 그것은 삶의 가치를 어디에 두느냐에 따라 삶의 질이 변하고, 인생의 참된 의미는 다른 사람과 어떻게 비교하는가에 따라 달라진다. 세상일은 내가 원하는 대로 되는 것이 아니라 내 의지와 상관없이 결정되는 일이 무수히 많다. 그리고 되는 일보다 안 되는 일이 곱으로 많다는 걸 우리는 경험으로 알지 않은가. 만약 세상을 내 뜻대로 살 수 있다면 그런 세상은 이미 이승이 아니고, 또 다른 세계이거나 상상 속의 세계다.

우리는 남의 밥에 콩이 크게 보이는 것처럼 내가 가진 그릇보다 조금 더 크게 보이는 그릇을 질투하다 가진 그릇마저 깨트린 아픈 경험이 있을 것이다. 비교는 만 가지 고통의 근원이다. 그래도 비교하는 것을 멈출 수 없다면 다른 사람이 아닌 자기 자신의 과거를 비교 대상으로 삼는 것이 유일한 해결 방법이다. 자신의 상황이 과거와 비교해 좋아졌어도 현재 다른 사람이 자신보다 낫다고 생각하는 순간 행복은 사라지고 만다. 그러니 자기 기준으로 다른 사람을 판단하지 말자. 내가 남의 그릇을 부러워하는 만큼 누군가는 내가 가진 그릇을 부러워한다는 사실도 기억하자. 인생이란 사는 것이 아니라 살아가는 것이다.

중국의 시인 변지림은 그의 시(詩) 단장(斷章)에서 이렇게 노래했다. "당신은 다리 위에서 풍경을 바라보고, 풍경을 바라보는 누군가는 누각 위에서 당신을 바라본다. 밝은 달은 당신의 창가를 장식하고, 당신은 누군가의 꿈을 장식한다." 다시 말해 내가 누군가를 닮아가기를 바라는 시간, 또 다른 누군가는 나를 닮기를 바란다는 뜻도 같은 맥락일 것이다.

가까운 사람에게 느끼는 질투

가난하게 살던 사람이 부모의 유산을 물려받아 갑자기 부자가 된 이웃을 질투해 어렵지만, 평생 가족처럼 지내던 사람들이 서로 원수가 되는 경우가 있다. 사람이 질투하는 대상과 이유는 여러 가지가 있을 것이고 그 유형도 다양하다. 질투에 대한 사람의 심리를 보면 서로 엇비슷한 처지인 사람들끼리 질투하게 되고, 고생고생해서 어렵게 얻은 것에는 질투하지 않는다. 대신에 쉽게 얻은 것에는 질투하는 것이다. 왜 그런가를 따지기에 앞서 사람의 마음이란 원래 그런 것으로 생각하려니 어쩐지 서글픈 생각마저 든다. 대부분 사람은 어떤 것을 얻기 위해 투입되는 고생의 양을 남의 행운과 비례해서 생각하게 된다. 나 아닌 다른 사람의 노력이 동반되지 않은 성공을 그냥 보지 못한다. 하늘에서 그냥 뚝 떨어지듯 갑자기 얻은 행운에 대해서는 일종에 분노의 감정이 생기는 것이다.

평소에도 자신을 앞서가는 사람에게는 질투하지만, 뒤에서 따라오는 사람은 질투하지 않는다. 우리가 꼭 한 가지 기억해야 할 것은 무엇이든 남보다 앞서고자 하는 사람에게는 반드시 그를 밀치는 사람이 있고, 무엇이건 남보다 많이 갖고자 하는 사람에게는 반드시 그를 좌절시키는 사람이 있다는 것이다. 엇비슷한 것끼리의 경쟁이 아닌 시기와 질투는 서로를 황폐하게 만든다. 바다는 메워도 사람의 욕심은 못 채운다는 말과 같이 질투의 감정 또한 마찬가지다. 우리가 상대와의 관계에서 일어나는 질투심과 맞닥뜨렸을 때, 내가 어떻게 처신해야 하는 가는 자기 스스로 깨달아야 한다. 그것만큼은 남이 가르쳐 줄 수 없지만 그래도 알고 싶다면 상대의 처지가 되어보는 것이다. 그런 다음 마음을 바로잡아 그것을 이겨낼 수 있다면 질투심을 참아낸 그 경험 하나가 자기감정을 자제할 수 있는 소중한 힘을 길러줄 것이다.

어떤 철학자는 때로는 질투도 아름다울 수 있다고 한다. 거기에다 아름다운 것과 저속한 것의 차이는 질투 뒤에 상대에 대해 사랑과 상대의 뛰어남에 대한 존경과 같은 기본적인 교양이 담겨 있느냐 그 여부에 달려있다고 한다. 요즘 내가 사는 세상에서 질투가 고귀할 수 있다는 것은 먼 나라 이야기처럼 아득하게만 들린다. 그러나 한 가지 분명한 것은 가진 것이 많고 적음이 행복의 절대 조건은 아니라는 것과 삶의 행복은 내가 만족하느냐 하지 못하느냐에 달린 것이다. 나 역시 그것을 차츰 깨달아가는 중이다. 내가 스스로 만족하는데, 어느 사람에게든 무엇 때문에 질투하는 마음이 생기겠는가.

요즘 사람들은 질투하는 정도가 도를 넘었다. 얼마 전 데이트 살인이라는 것을 TV를 통해 알았는데, 한때 자기를 좋아하던 사람이 다른 사람에게 가는 것을 질투해 살인한다는 것이다. 자기와 인연이 되지 못한다는 걸 받아들이지 못하고, 그 원인을 상대에게 돌려 이성을 잃는 것은 큰일 중에서도 큰일이다. 이웃을 질투하고, 회사 동료와 친구를 질투하고, 가족과 친척을 질투하는 것이 만연한 세상이다. 이것을 두고 하고 싶은 말이야 수도 없이 많지만, 세상이 너무 각박하고 살벌해 이제는 말하는 것과 말을 듣는 사람과의 관계마저 두렵다.

그래도 이런 가운데서 꼭 바랄 게 있다면, 우리 정치인과 교육에 몸담은 교육계 사람들이 극과 극으로 나뉘어 질투하는 모습만큼은 보지 않았으면 한다. 자라나는 아이들을 가르쳐야 하는 사람들이기에 더 그렇다. 우리 국민이 누굴 보고 배우겠는가. 눈만 뜨면 그들에게, 서로 편을 갈라 질투하고 싸우는 것 말고는 보고 배울 것이 없으니 사회가 이 모양 이 꼴 아닐까. 내 평생 아무런 대의명분 없는 일로 서로 질투하는 사람들이 우리 사회에 이득을 주는 일을 단 한 번도 보지 못했다.

사람의 견제심리

　살다 보면 자기 뜻과는 달리 헤쳐가기 힘든 가시밭길을 만나거나 주변의 곱지 않은 시선 속에서 길을 가야 할 때가 있다. 그럴 때 가장 떼기 어려운 걸음은 앞에 놓인 한 걸음이다. 그 한 걸음을 앞으로 내디딜 수만 있다면 뒷발은 자연이 따라오게 된다. 그러면 어떤 식으로든 자신의 길을 걸을 수는 있다. 그러나 내딛는 걸음이 유난히 힘들 때가 있는데, 그 까닭은 다른 사람들의 견제와 질시 때문인 경우가 대부분이다. 앞으로 나가야 하는데도 주변의 훼방으로 쉽게 갈 수 있도록 그냥 내버려 두지 않는다.

　내가 처한 상황이 개펄에 발이 빠졌을 때와 같을 때가 있다. 한쪽 발을 빼면 다른 쪽 발이 빠져 앞으로 가려야 갈 수가 없다. 그러니 몇 발 못 가 힘이 빠져 지쳐버리는 것이다. 사회 어떤 분야와 조직에서건 어느 사람의 능력이나 외모가 뛰어나면 다른 사람의 질시와 미움을 받게 되는데, 이런 일은 예나 지금이 달라지지 않았다. 나는 내가 그렇다고는 전혀 생각하지 않지만, 남들 눈에 내가 그렇게 비쳤으면 그건 어쩔 수 없는 일이다. 아무튼, 사람은 그의 장점이 화근이 되어 남에게 질시 받는 일은 예나 지금이 다르지 않다.

　묵자(墨子)의 말을 옮긴다. "여기에 다섯 개의 송곳이 있다고 하자. 제일 먼저 부러지는 것은 제일 예리한 송곳이다. 또 다섯 개의 칼이 있다고 하자. 제일 먼저 닳아 없어지는 칼은 제일 잘 드는 칼이다. 그리고 제일 먼저 말라버리는 우물은 물맛이 제일 좋은 우물이며, 제일 먼저 베어지는 나무는 제일 곧고 키 큰 나무이다." 사람도 그와 똑같다. 용기 있는 사람은 그 용기로 인하여, 능력 있는 사람은 그 능력 때문에 남에게 질투 받는 일이 많다는 것이다.

 능력이 뛰어나고 잘 나가는 사람을 경계하고 질시하는 심리에는 한 가지 전제가 있다. 상대가 자신과 같은 중량급 위치에 있다고 느낄 때이다. 호랑이는 표범이나 사자에게는 질시를 느끼지만, 강아지나 토끼에게는 질시하지 않는다. 왜냐하면, 이미 체급에서 게임이 안 되는 상대이기 때문이다. 책 제목은 모르겠지만, 언젠가 읽은 책에서 기억한 것을 옮겨 놓는다. "질시에는 세 가지 원칙이 있다. 하나는. 서로 엇비슷한 것을 질시하지 나와 다른 것은 질시하지 않는다는 것이다. 상대가 자신과 비슷하면 질시하지만, 상대가 나보다 크거나 작으면 질시하지 않는다. 두 번째는 강한 자를 질시하지 약자를 질시하지 않는다. 상대가 성공하여 이름을 날리며 얼굴의 혈색이 좋아야 질투하지 상대가 의기소침하고 약하면 질투하지 않는다. 세 번째는 쉽게 얻은 것은 질투하고 어렵게 얻은 것이라면 질투하지 않는다." 읽을수록 음미해볼 만한 글이다.

 너나없이 사람의 마음이란 본래 이런 것이다. 우리 역사를 보면 뛰어난 사람에 대한 주위의 모함이나 질시로 얼마나 많은 사람이 세상과 격리되거나 목숨을 버렸는지 그 수는 헤아리기조차 힘들다. 이런 일이 왜 인간들에게만 일어나는 것일까. 짐승들은 질투하지 않고 생존을 위해 먹이를 가지고 다툴 뿐이다. 지금 우리가 살아가는 사회는 옛날보다 조금도 달라지지 않았다. 세상의 모습이 엄청나게 변하고 사람이 하는 일도 수만 가지로 다양해졌다. 인구도 옛날과는 비교할 수 없이 많은데, 상대에 대한 질시는 다양한 상황에서 갖은 방법으로 진화했다. 질투는 갈수록 심해지고 사람들의 심성은 더 이기적이고 포악해졌다.

사람이 불행해지는 시작은 남과 비교하면서부터다. 비교하지 않으면 질투할 일이 없다. 어떤 경우에도 나보다 나은 사람이 있는 건 당연한 일이고, 또 어떤 경우에도 나보다 못한 사람도 있게 마련이다. 위를 쳐다보면 항상 모자라고 아래를 내려다보면 항상 남는다. 위만 쳐다본다면 평생 가난의 저주에서 벗어날 수 없다. 할 수만 있다면 내려다보아야 한다. 그러면 스스로 위안을 얻게 되고 삶의 의미를 찾게 된다. 행복한 사람은 아래를 비교하지만, 불행한 사람은 항상 위를 비교한다. 그 차이가 행복과 불행을 가르는 것이다.

지천명(知天命)이 되어서

　해가 바뀌고 한 살이라는 세월의 무게가 더 보태지는 요즘 내 가슴에 따갑게 와 닿는 말이 있다. 글 쓰며 자주 들먹이는 "신은 한 사람을 망가뜨릴 때 제일 먼저 그 사람의 화를 돋운다."라는 말이다. 자제력 없는 사람일수록 화가 나면 이성을 잃고 감정이 앞서게 되어 이성적인 판단을 못하게 된다. 앞뒤 분간 못하고 날뛰다가 스스로 망가지는 것이다. 자제력을 잃고 감정이 앞선 말이나 행동을 하는 사람은 가만두어도 제가 제풀에 넘어지고 만다. 자신이 그러는 사이 여태 쌓았던 공든 탑이 한순간에 왕창 무너지든가 아니면 조금씩 허물어지는 것이다. 무너진 다음 제자리로 돌아와 그것을 보고 후회한들 이미 때는 늦다.

　말로 아무리 사랑한다 하더라도 하찮은 것으로 노여움이 생긴다면 그 사랑은 쉽게 잊힌다. 평소 아무리 온화한 표정으로 사람을 대하고 좋은 관계를 유지한 사람이라도 사소한 일로 화를 낸다면 그 순간, 지금까지 그 사람에 대해 좋았던 기억은 사라지고 나쁜 기억만 남는다. 한번 잃었던 좋은 감정이 다시 돌아오기까지 당사자 노력에 달렸겠지만, 얼마만큼의 시간이 흘러야 하는지는 알 수 없는 일이다. 경제 심리학자 대니얼 카트(daniel kahneman)는 사람들은 오랜 기간 행복했던 기억보다는 짧지만 강렬한 기쁨을 주었던 기억을 더 잘 떠올리며, 오랫동안 적당히 고통스러웠던 기억보다는 짧지만 강력한 고통을 받았던 기억을 더 잘 떠올린다고 한다. 나에게도 이 말이 어쩌면 그렇게도 들어맞는지 신기한 생각마저 든다.

요즘 내가 딱 그 꼴이다. 지금 내 나이가 몇인데 이 나이 되도록 사소한 감정 하나 다스리지 못하는 내 모습이 한심하고 때로는 기가 막힌다. 오랜 시간 공들여 실컷 잘해놓고 아무것도 아닌 일로 화를 내어 쌓은 것이 와르르 무너지는 소리를 듣는다. 화가 가라앉고 마음이 제 자리로 돌아와 주변을 살피면, 전쟁을 치르고 난 다음 폐허가 된 모습을 보는 것 같아 그때부터는 내가 나에게 화가 나 견딜 수가 없다. 공자도 오십의 지천명(知天命)을 지나 예순이면 듣는 귀가 순해진다고 이순(耳順)이라 했는데 나는 나이를 거꾸로 먹고 있다. 옛말에도 자기 자신도 다스릴 수 없으면서 남을 다스릴 수 있는 사람은 천하에 없고, 이것은 백 대가 지나도 변하지 않는 이치라고 했다.

지난 한 해를 돌아보면 그렇게 다짐했으면서도 화 때문에 그르친 일이 한둘 아니다. 그르친 일들로 억울한 마음에 돌이켜보면 이런 생각이 드는 것이다. 그때 화난 모습 대신 반대로 미소를 지었다면 일이 얼마나 달라지고 내 모습은 남들 눈에 어떻게 비쳤을까. 만약 바뀐 행동을 했더라면 어떤 모습일 거라고는 상상하지 않아도 될 것이다. 모든 사람이 평등하게 자기감정을 기분대로 표현할 수 있는 것은 아니다. 어떤 사람은 감정적으로 날뛴다고 해도 용서받을 수 있다. 하지만, 또 다른 사람은 자신의 행동에 변명이 허용되지 않는다. 만약 내가 남에게 주목받는다고 생각한다면 그만큼 나의 언행과 행동이 제한된다는 것을 기억해야 한다.

올해 내 화두는 "화내지 않기다." 글 쓴답시고 남의 모습은 마음대로 비판하며 목소리 높여 떠들었다. 또 그럴듯한 말로 모양을 내었는데 정작 내 모습을 보면 부끄럽기 짝이 없다. 남의 몸에 가시는 보였어도 내 몸에 대들보는 보지 못했으니 내가 무슨 소리를 한들 바르게 들렸겠는가. 손발이 묶인 것은 금방 알 수 있지만, 생각이 묶여있는 답답함은 알기도 힘이 든다. 설령 알았다고 해도 그것을 부수고 나오는 것은 더 어렵다. 나의 사고를 가두고 있는 사방의 벽을 누군가의 도움 없이 내 힘으로 깨고 나오는 일이 힘들기는 하겠지만, 그렇다고 못 할 일은 아닐 것이다.

얼마 전, 내가 화를 내었던 사람에게 사과하며 비 온 뒤에 땅 굳는다고 하자, 그 사람은 비 온 뒤에 땅은 굳을지 모르지만, 쇠가 깨어진 다음 다시 이어도 금 간 자리는 녹이 슬 거라고 한다. 나는 그 말에 그만 가슴이 뜨끔했다. 찢어진 살을 깁고 나면 기운 흔적이 남듯 그 흔적은 영원히 사라지지 않을지도 모른다. 부끄러운 마음에 할 말이 없었지만 나는 그 말을 되받아 쇠는 쇠일 뿐이고 만약 사람 뼈가 부러졌다면 그 자리는 더 단단하게 붙어 다시 부러지는 일이 없다고 했다. 그것은 죽은 것과 산 것의 차이고 생각과 관점이 바뀌면 삶도 달라질 거라고도 했다. 나는 내가 한 이 말에 책임져야 한다.

세상에서 가장 어려운 싸움

　세상에 일어나는 싸움 가운데 가장 어려운 것은 자신을 이기는 싸움이다. 나를 유혹하는 외부의 것들에 마음을 빼앗기려 하는 나 자신과 싸움에서는 더러 이긴 적이 있다. 그러나 내 안에서 솟아오르는 불같은 성질과 싸워 온전하게 이긴 적은 한 번도 없다. 아무리 애를 써도 도무지 진전이 없고 내가 가진 힘으로는 정말 어렵다. 화를 다스리는 자기계발에 관한 책을 여러 권 읽기도 하고 거기에 나오는 온갖 방법을 기억해두기도 했다. 그런데도 화가 나려 하면 그 방법을 써 보지만 번번이 실패하고 마는 것이다. 근본적으로 내 마음 안에서 일어나는 화를 다스리지 않고서는 어떤 방법을 써도 소용없는 일이다.

　머리로만 아는 그런 앎은 임시방편으로 잠깐 그 순간은 모면할 수 있겠지만, 실제로 불이 붙으면 불을 끄기에는 내가 가진 물은 겨우 한 바가지에 불과하다. 하지만 그 물이 아무리 적은 양이라고 해도 나는 바가지의 물이 마르지 않게 해야 한다. 만약 그마저 없다면 내 안에서 일어나는 아주 작은 불길마저 잡을 도리가 없다. 그래도 다행인 것은 불씨가 처음 일어날 때는 한 바가지 물이면 끌 수 있지만, 불이 더 번지거나 사그라지는 것은 내 몫이다. 준비된 한 바가지의 물은 사람과의 마찰에서 일어나려는 불길을 잡아 더 번지게 하지 않는 소방차와 다름없는 것이다.

　사람의 허물은 항상 스스로 옳다고 생각하는 데서 심해지고, 자기가 불러들이는 재앙은 남을 업신여기는 데서 생긴다는 옛말이 있다. 상대를 인정하고 받아들이면 불길이 치솟을 일이 없다. 시도 때도 없이 올라오는 성질머리를 다스리지 못하는 한, 나 스스로 겸손하고 너그러운 사람이 되기는 틀렸다. 그렇다고 이대로 살 수는 없다. 어떨 때는 전기충격기라도 지니고 있다가 화가 나려고 하면 몸 어디를 지져서라도 성질을 다스리고 싶은 생각도 든다. 지금 나는 불길을 끄는 데 턱없이 부족한 물을 가지고 있고 불이 나면 꺼야 하는데, 물이 모자라면 어떻게 해야 하는지 이제 알 나이가 되었다. 하지만, 불이 나면 이러지도 저러지도 못하고 있는 내 모습은 내가 봐도 정말 한심하다.

늦다는 생각이 들 때가 가장 빠른 법이다. 과연 할 수 있을까 하는 두려움을 털어버리고 이제라도 내가 가야 할 길을 가기 위해선 인생수정이라도 해야 할 참이다. 급한 성질 때문에 반복되는 잘못이 나를 얼마나 갉아먹으며 비속하게 만들고, 남까지 아프게 하는지 나이 들어갈수록 가슴에 절실하게 와 닿는다. 나를 둘러싸고 있는 가시 울타리에서 벗어나 다른 사람을 여유 있게 있는 그대로 그냥 바라보고 싶은 마음이 간절하다. 상황 따라 올라오는 어떤 격한 마음에도 얽매이지 않는 집중의 힘, 사유의 힘을 키우기 위해, 사람답게 살기 위해, 남은 인생을 몽땅 걸어야 할까 보다.

자신과 싸움. 깨달은 것을 행동으로 옮기지 못한다면 다람쥐 쳇바퀴 돌리듯 계속되는 잘못을 바로잡지 못한다. 어쩌면 이 싸움은 내가 평생을 두고 해야 할 싸움이고 내 성질을 못 이겨 수없이 넘어져도 언제든 다시 일어나는 삶을 살고 싶다. 나에게 진정한 평화란 상대방이 내 뜻대로 되길 바라는 마음을 그만둘 때라는 것과 가장 높은 힘은 나를 낮추는 골짜기에 있음을 명심해야 한다. 내가 그렇게만 살 수 있다면 인생을 잘 살은 사람의 뒷모습일 것이고, 다른 사람의 눈에 비치는 나라는 사람의 풍경이 될 것이다.

툭하면 화부터 내는 사람

　세상 많은 일 중에 유독 사람을 많이 만나야 하는 직업을 가진 사람이 있다. 한때는 나도 그랬다. 그때는 만나는 사람들과 마찰이 생겼을 때, 혹은 그들로부터 오해받을 때, 아니면 그들에게 부당한 대접을 받거나 말을 들을 때, 나는 화를 참는 것이 어려웠다. 화를 잘 참으며 속으로 다스리는 사람이 있지만, 참지 못하고 겉으로 드러내며 충동적으로 행동하는 사람이 뜻밖으로 많다. 만약 자기가 그렇다면 현재의 직업을 생각해서라도 화를 참는 법을 배우는 것이 시급하다. 화를 다스리는 수많은 글과 좋은 말이 넘쳐나지만, 무엇보다 그것을 참으려는 자신의 의지가 중요하다. 상황 따라 불쑥 올라오는 화를 참지 못한다면 제대로 된 사회생활은 물 건너간 거나 다름없다. 인간관계를 제대로 가지려면 무엇보다 자제력을 기르는 것이 먼저다.

　지금 우리 사회에서 정치인이나 공직자인 사람은 누구보다 먼저 자제력을 키우는 데 노력해야 한다. 분노의 감정을 잠재우지 못하면 이성을 잃게 되고 이성적인 판단력을 잃게 되면 서민들을 상대하는 일일수록 예측할 수 없는 결과가 빚어질 수도 있다. 자신의 감정도 다스리지 못하는 공직자가 어떻게 자신의 업무를 장악할 수 있으며 서민을 이끌어 갈 수 있겠는가. 감정이 이성보다 앞서는 지도자는 감정의 노예로 전락하고 말겠지만, 자신의 감정을 스스로 이길 수 있을 때 사람들은 그를 신뢰하고 인정하게 될 것이다. 내가 자주 하는 말이 있다. 자기를 다스리는 힘이 약한 사람은 기분이 행동을 지배하지만, 반대로 자신을 다스리는 힘이 강한 사람은 행동이 기분을 지배한다는 말이다.

요즘 자기가 사회지도층에 있다고 자처하는 사람들이 자신의 감정조차 제대로 다스리지 못하는 것을 보게 된다. 자신과 다른 생각이나 다른 말을 하는 사람을 받아들이지 못하는 것이다. 진정한 인격자의 모습은 보통사람이 할 수 없는 것을 쉽게 할 수 있어야 비로소 인격자의 소리를 들을 수 있지 않을까. 지도자의 품격은 자신과 생각이 달라도 배척하지 않는 균형 감각, 비록 졸렬하기 짝이 없더라도 그 사람들의 결정을 존중하며, 부러지지 않고 휘어지는 유연함을 잃지 않는 사람이어야 한다.

화를 다스리는 힘은 자제력이고 자제력은 자신을 통제하는 힘이다. 자기 생각이나 말투, 행동에 대해 자신의 감정을 억제하는 것이다. 자제력을 갖춘 사람은 다른 사람보다 행복할 수 있다. 하지만 툭 하면 화부터 먼저 내는 사람은 어떤 경우에도 다른 사람에게 존경받지 못하니 불행할 수밖에 없다. 더구나 자신의 처지가 사회지도층이거나 공직자라면 더는 말할 것도 없다. 사람들에게 신뢰를 잃은 사람은 이미 지도자의 자격을 잃었다. 진정으로 존경받는 지도자란 삶의 다른 양식에 대해 너그러움과 관대함이 몸에 밴 사람이다.

상대의 약점은 들추어내어 가슴 아픈 말을 하는 것도 결국 말하는 당사자가 자기의 화를 참지 못하기 때문이다. 자기 마음대로 감정을 쏟아놓고는 온갖 말을 끌어들여 위장동물처럼 자신의 행동을 그럴듯하게 포장하는 것이다. 우리는 그런 모습의 지도자나 정치인들을 참 많이도 보며 살았다. 본인들은 아닌 척하지만 그런 치졸함은 누가 보아도 안다. 자신이 남보다 높은 자리에 있다고 생각하는 사람이 화내는 것은 어떤 모습 가운데서도 가장 천박하다. 인간 성숙의 올바른 척도는 높고 크고 대단하게 여겨지는 것에서 확인되지 않는다. 일상에서 일어나는 일들로 확인되는 것이다. 그런 이유로 사소하고 하찮은 일에 화를 내는 것은 그 사람에게는 치명적이다.

서로 가까운 사이에는

처음 만나는 사람이라도 이야기하다 보면 쉽게 말이 통하는 사람이 있다. 서로에게 친근감을 느끼면 좀 더 구체적인 일상의 이야기까지 하게 되는데, 그러다 보면 서로의 첫인상에 대해 느낌을 말하게 되는 일도 있다. 나 같은 경우는 "인상은 좋은데 성격이 조금 급할 것 같다"라는 말을 많이 듣는다. 내가 생각해도 나에게 꼭 들어맞는 말이다. 처음 보는 사람 성격을 어쩌면 저렇게 족집게처럼 집어내는가 싶어 신기한 생각도 들지만, 나를 처음 본 사람이 그렇게 말하면 정말 그런 것이다. 왜냐하면, 내가 나를 정확히 볼 수 없지만 다른 사람은 나를 정확하게 볼 수 있기 때문이다.

나는 요즘 급한 성격을 고치려고 무척 노력하는 중이다. 하지만 오랜 세월 길든 성격을 고친다는 것은 정말 어렵다. 속담에도 제 버릇 개 못 준다는 말처럼 극단의 의지가 아니면 고치기 어렵다. 며칠 전, 나와 가까웠던 사람과 어떤 일을 두고 터무니없는 오해가 생겼다. 그를 만나면 그 일이 나와는 전혀 상관없는 일이라고 말하고 상대에게 억울한 심정을 하소연하고 싶었다. 하지만 오해가 깊어진 탓에 아무리 해명을 해도 도무지 말이 통하지 않아 속이 끓어올랐다. 이번만큼은 화내지 않기로 마음을 다독거린 터라 참을 수 있었지만, 다른 날 같았으면 참지 못해 폭발하고도 남았을 것이다.

언젠가 그를 만나면 꼭 풀어야겠다고 가슴에 담고 있던 터인데 거꾸로 내가 뒤집어썼으니 더 화가 났다. 만약 참지 못하고 상대에게 화를 냈다면 돌이킬 수 없는 일이 벌어졌을지도 모른다. 전에는 이 같은 일을 만났으면 참지 못했을 것이다. 속으로는 늘 이러면 안 된다는 생각을 하면서도, 올라오는 감정을 억누르기 힘들었다. 만약, 억울하다는 생각에 흥분된 마음으로 감정이 앞선다면 거센 파도에 떠밀리듯 물속에 빠지고 말 것이다. 그나마 다행인 것은 며칠 전부터 성내지 말아야 한다며 마음을 다잡은 터라 그 순간 내색하지 않고 넘어갈 수 있었다. 그러나 이런 감정이 계속된다면 언젠가 한 번은 불꽃이 튀어 모든 것을 태워버릴 거라는 두려운 생각이 들었다. 어떤 경우라도 그것만은 피해야 한다.

그렇다면 방법은 한 가지뿐이라는 생각에 이렇게 결심했다. 당분간 그를 상대하지 않기로 한 것이다. 마주칠 손바닥 하나가 곁에 없다면 절대로 소리 나지 않는다. 사실 그런 결정을 내리기가 쉽지 않았지만, 무엇보다 상대와 만남을 줄일 수 있는 일이기에 행동으로 옮길 수 있었다. 침묵으로 나를 지키는 것이 최선의 대응법이라는 생각이 틀리지 않을 것이다. 밥을 할 때도 마지막에 뜸 들이는 시간이 있어야 밥이 제대로 되듯 사람과의 관계도 마찬가지다. 열기가 끓어올라 뜨거울 때는 불 앞에서 조금 떨어져 열기가 식도록 기다려야 한다. 등산길 깔딱 고개에서 물 한 모금 마시며 쉬어가듯, 잠시 숨 고르기를 해야 한다.

서로 마주할 때마다 격해지는 감정을 숨기려 하는 것보다 차라리 불편한 대면을 피하는 쪽이 편하다. 서로 부딪혀 싸우다 만신창이가 되는 것보다는 그게 훨씬 신사다운 일이다. 그렇게 시간이 흐르다 보면 안에서 요동치던 마음도 차츰 가라앉고 전과 같은 모습으로 돌아갈 수도 있을 것이다. 그런 다음 다시 만날 때면 반갑게 악수하며 끌어안고 서로의 등을 두드릴지도 모를 일이다. 한순간의 감정 하나도 다스리지 못하면서 어떻게 내 인생을 다스릴 수 있겠는가. 감정이 이성을 이기도록 내버려 둔다면 나는 감정의 노예로 전락하고 만다는 것을 이제는 안다. 나 스스로 감정을 이겼을 때, 비로소 내 운명을 장악하고 진정한 자아를 얻을 수 있다는 것도 알아가는 중이다.

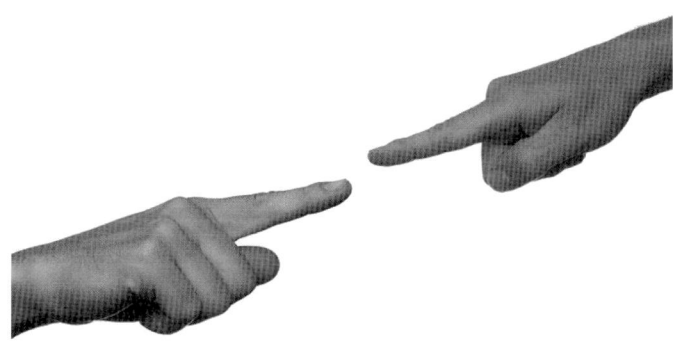

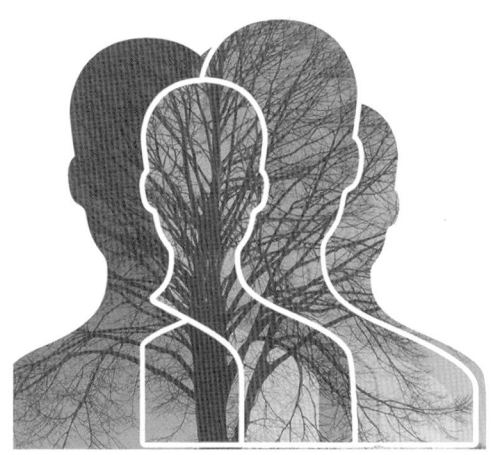

4부

사람과 사람들

삶의 가치는 주어지는 것이 아니라 내가 믿고 만든다.
남을 통해 찾는 것이 아니라 내 안에서 찾으면
그 믿음이 변화를 만들어 낸다.

우울한 사람들

내가 일하는 사무실은 13층인데 3층과 4층에 스크린 경마장이 있다. 토요일과 일요일이면 유난히 사람들이 붐비는 탓에 경비원에게 물어보니 경마장에 오는 사람이라고 한다. 삼사 층으로 오르내리는 사람들을 처음에는 아무런 생각 없이 무심코 보았다. 차츰 시간이 지나며 그곳에서 타고 내리는 사람들을 자주 보게 되고 그러다 보니 더러는 눈에 익은 사람도 있다. 그러나 대부분 모르는 사람들이다.

한 가지 흥미로운 것은 지하에서 승강이를 타고 올라가는 시간, 경마장에 내리는 사람들 모습과 저녁 사무실에서 내려가는 시간에 거기에서 타는 사람들의 모습이다. 호기심이 생겨 찬찬히 살펴보면 올라갈 때와 내려갈 때 표정이 전혀 다르다. 얼굴에는 그 사람이 가진 많은 것들이 숨김없이 드러난다. 마치 그 사람이 쓴 삶의 기록처럼 나날의 역사가 얼굴에 쓰이는 것이다. 기쁘면 기쁜 대로 슬프면 슬픈 대로 그 모습이 여과 없이 얼굴에 나타난다.

승강기 안에서 사람들의 관상을 살피는 것이 아니라 그곳을 오가는 사람들의 표정을 보며 거기에서 내 삶의 모습을 보기도 하고 또 다른 삶의 모습을 만나게 된다. 이제는 그들의 표정을 살피는 것이 제법 흥미롭다. 올라갈 때는 저마다 경마에 대한 정보지를 한 손에 쥐고 입구 직원에게 "어서 옵쇼" 깍듯한 인사로 대접받으며 대형 스크린이 걸린 경마장 안으로 들어간다. 토요일과 일요일은 노는 날이어서 더욱 붐빈다.

남자와 여자 모두 하는 일이 뭔지는 모르지만, 나이와 옷차림은 다양하고 그리 넉넉해 보이는 모습은 아니다.

　지하에서 3층까지 올라가는 짧은 시간에 보는 것이지만, 올라갈 때 사람들은 평소처럼 모습은 제각각이어도 표정은 밝다. 일행들과 어제의 실패와 아쉬움을 이야기하기도 하고 오늘의 성공을 다짐하기도 한다. 어떤 사람은 정보지 쥔 팔을 흔들며 안으로 들어가는 모습이 마치 개선장군처럼 당당하다. 어쩌면 이번만큼은....하는 기대를 하며 경마장 안으로 들어가는 것이다. 승강기 문이 열리는 잠깐의 시간, 안에서 들리는 사람들의 목소리도 그때만큼은 시끌벅적하고 활기차 보인다.

　저녁 사무실에서 내려오는 시간, 경마가 있는 날이면 어김없이 그곳에 승강기가 멈춘다. 안으로 들어오는 사람들은 하나같이 저녁 장이 파하고 작은 보퉁이 하나 없이 빈손으로 돌아가는 실업자처럼 모두 맥 빠진 모습이다. 휴대전화를 보는 사람도 있고, 주머니에 두 손을 넣은 체 충혈 된 눈으로 승강기 빨간불만 쳐다보는 사람, 어떤 이는 몸 가누기도 힘든 것처럼 벽에 기댄 사람도 있다. 또 어떤 사람은 고개 숙인 채 바닥만 내려다보다 '땡' 하고 문이 열리면 빠른 걸음으로 바쁘게 사라진다.

　자신의 기준으로 다른 사람의 행복을 판단하는 것은 매우 잘못된 것인 줄은 안다. 하지만 그런 기준을 떠나 제법 오랜 시간을 지켜보았지만 내려갈 때 그곳에서 탄 사람 가운데 한 사람도 밝은 표정을 보지 못했다. 모두 얼굴에 그늘이 지고 맥 빠진 모습으로 빨간불만 쳐다보다가 승강기가 멈추면 뿔뿔이 흩어져 제 갈 길을 간다. 아마 이곳에 올 때 지갑에 있던 돈이 썰물처럼 빠져나가며 가진 기운마저 쓸어 담고 갔을 것이다.

　사람을 두고 어두운 쪽만 이야기하는 것은 아니지만, 내가 볼 때는 그곳에 오는 사람들이 하나같이 궁색한 모습이다. 난 들 그들의 속을 모르니 속단할 수 없지만, 그동안 관심 있게 지켜본 내 눈에는 그렇게 보였다. 그래도 혹시나 싶어 살펴보아도 보기에 겉모습이라도 번듯하고 여유 있는 느낌을 주는 사람은 없었다. 혹시라도 그 사람들이 이 글을 읽는다면 내게 주먹다짐이라도 하려 들겠지만, 내가 몇 달간 지켜본 것을 사실대로 이야기하는 것이니 내 말이 그르다 할 수는 없을 것이다.

꿀물 같은 사람

우리는 다른 사람들 앞에서 연설이나 강의를 하게 될 때 대부분 자신이 얼마나 근사한 인간인지를 그들에게 알리고 싶다는 생각을 한다. 하지만 사람들은 그것을 알고 싶은 게 아니라 오히려 그를 통해 자신이 얼마나 근사한 인간인지를 깨닫고 싶은 것이다. 그런데도 우리는 이런 기회를 자신을 드러내고 인정받고 싶다는 생각으로 일을 자기중심으로 끌고 가려 한다. 주객이 뒤바뀐 셈이다. 자기를 알리려고 하는 그런 모습은 마치 가장 가까이서 사랑해야 할 자기 가족은 내팽개친 채 남의 가족을 보살피는 모습을 보는 것 같아 가진 신뢰감마저 떨어지게 한다. 그래도 사람들은 그렇게 해서라도 자기 존재를 남에게 드러내고 싶어 남의 시선을 의식하는 것이다.

사람은 자신을 알아주는 상대 앞에서 존재감을 느낀다. 내 존재를 알리고 싶다면 그런 생각이 드는 순간 입을 닫을 줄도 알아야 한다. 이것만큼은 자기보다 다른 사람이 먼저다. 그런 훈련을 통해 자기보다는 다른 사람의 존재감과 자긍심을 끌어내 줄 때, 더욱더 자신의 능력이 발휘되는 것을 알게 될 것이다. 사람들이 그런 매개(媒介)의 역할을 한 것이 바로 나 자신이라는 것을 알아줄 때는 그 효과가 훨씬 크다. 그러니 자기가 애써 알리려고 하지 않아도 된다. 이처럼 사람은 자기 생각과 관점을 바꿀 수 있는 유일한 동물이기에 그것을 자신에게 이롭도록 이용할 줄도 알아야 한다.

삶의 가치는 주어지는 것이 아니라 내가 믿고 만든다. 남을 통해 찾는 것이 아니라 내 안에서 찾으면 그 믿음이 변화를 만들어 낸다. 남이 나를 알아주지 않는 것을 염려하지 말고 내가 남을 알지 못하는 것을 염려하라고 한 옛 성인의 말을 생각하며 한 번쯤 나를 돌아볼 수만 있다면 삶의 방향이 달라질 것이다. 사람은 누구나 듣기 거북한 말을 하는 사람보다 자기를 알아주고 좋은 말을 해주는 사람에게 호감이 가고 가까이 다가가는 것은 자연스러운 일이다. 그러나 한 조직의 리더가 생각이 그런 쪽으로만 기울었다면 자기 자신은 물론 조직 전체를 망치게 할 수도 있다. 그것은 자기와 가까운 사람의 달콤한 말만 듣다가는 어떤 진보나 향상도 바랄 수 없기 때문이다.

그래도 자기를 알리고 싶다면 방법은 딱 두 가지다. 첫 번째가 나를 알리기 전에 내가 먼저 남을 알아주는 것이고 두 번째는 내가 언젠가 어느 칼럼에 썼던 "복숭아와 자두나무가 있는 곳에는 저절로 길이 난다."라는 말을 기억하는 일이다. 복숭아와 자두는 맛있는 열매 맺으니 알리지 않아도 사람들이 드나들어 자연히 길이 생긴다. 이 같은 현상은 사람도 나무의 이치와 조금도 다를 것이 없다. 자기가 복숭아나 자두처럼 맛있는 열매를 맺는 사람이 되어보면 알게 된다. 그러면 자기가 애써 알리지 않아도 사람들이 먼저 알아주게 된다는 것을.

무슨 일만 있으면 잗다란 일에도 자기를 알리려고 유난 떠는 사람이 많은 세상이다. 뭐, 남에게 피해를 주지 않는다면 그런 일로 문제 삼을 일은 아니다. 그래도 내 머릿속을 떠나지 않는 바람은 어떤 일에서든 겸손한 모습과 좁은 길에서 사람을 만났을 때, 한쪽으로 조금 비켜서서 남을 먼저 가게 하는 사람을 보았으면 좋겠다. 거기에 조금 더 욕심 부린다면 자기를 알리기보다 남을 먼저 알아주는 사람, 벌과 나비가 찾아드는 꽃 같은 사람, 언제 마셔도 달콤한 꿀물 같은 사람을 만나고 싶다.

뒷북치는 사람

 사회생활을 하다 보면 내가 다른 사람에게 뭔가를 표시해야 할 일이 생긴다. 경조사라든가 사람과의 관계에서 무엇을 서로 주고받는 일이다. 그런 일 가운데 자기가 해야 할 일을 선뜻 하는 사람과 마음 내키지 않는 것을 마지못해 하는 사람이 있다. 상대가 누군지를 가려 무시해도 될 사람이면 아예 거들떠보지도 않는다. 그렇지 않은 사람이면 뭔가를 하긴 해야 하는데, 마음으로 단박 결정하지 못하고 머뭇거린다. 그러다 다른 사람이 하는 것을 보아가며 그들이 하는 대로 자기도 슬며시 따라 하는 경우다. 똑같은 일이라도 하는 행동에 따라 따라오는 결과는 전혀 다르다. 그런 일을 즐거운 마음으로 선뜻 하는 것과 마음 내키지 않아 어쩔 수 없이 하는 것은 당사자 마음이 그대로 드러난다. 상대가 그것을 받아들이는 마음이 어떨지는 가늠할 수가 없다. 비유하자면 배가 고플 때 먹는 밥과 배부른데 억지로 먹는 밥과 같은 것이다.

 사람과의 관계에서 어떤 것이든 마음 내키지 않은 일과 맞닥뜨릴 때가 있다. 마음은 그래도 뭔가는 하긴 해야 하는데 선뜻 하지 못하고 슬슬 남 눈치 보며 주변을 맴도는 사람이 있다. 나는 그런 모습을 볼 때마다 갑갑한 생각이 들어 사람조차 싫어지는 것이다. 싫든 좋든 어차피 해야 할 것이면 머뭇거리지 말고 해야 한다. 집에서 기르는 가축도 주인과 함께 가거나 앞서가는 것은 보기 좋다. 그러나 도살장에 가듯 목줄에 매인 채 질질 끌려가는 것은 보기 싫은 법이다. 사람도 마찬가지다. 어차피 해야 할 일을 마지못해 억지로 한다면 그 모습은 얼마나 누추하고 초라한가. 무슨 일에든 의식적으로 하는 일에는 아무리 감추려고 해도 그 일에서 의식이 먼저 드러나게 되어있다. 할까 말까 망설이지 말고 그것이 정 어려우면 차라리 안 하는 것이 좋다.

상대가 나에게 어떻게 했느냐를 따지기 전에 자기가 해야 할 일이라면 머뭇거리지 않아야 한다. 뭔가를 해야겠다는 마음이 올라왔을 때 선뜻 해야 한다. 이것저것 생각하며 머뭇거리다 보면 기회는 금방 지나 가버린다. 세상일에는 무엇이든 때라는 것이 있다. 바람이 불 때 연을 날려야 하는 것처럼 때를 놓치면 날리지 못한다. 기회의 신은 머리칼이 앞에만 있지 뒤에는 없다고 한다. 그러니 지나가고 나면 붙잡지 못하는 것이다.

마지못해서 하는 일에는 그 사람 마음이 스며있어 상대가 보고 그것을 느낀다. 어차피 해야 할 것이라면 제때 해야지 때를 놓치면 그 빛을 잃는 것이다. 가장 반가운 물은 내가 목이 마를 때 주는 한 모금이다. 목마르지 않은데 주는 물은 조금도 반갑지 않고 오히려 귀찮다. 논물도 벼가 타들어 갈 때 필요한 것이지 흠뻑 젖은 논에 물은 오히려 벼에 해롭다. 같은 물이라도 어떨 때 어떻게 주느냐에 따라 받아들이는 것이 이렇게 다르다. 내 어릴 적 기억에도 어른들 심부름을 하거나 집에 온 친척에게 받는 용돈도 선뜻 손에 쥐여 주는 돈과 한참을 뜸 들이다 주는 돈의 차이는 어린 마음에도 그 의미가 달랐다.

상대에게 무엇을 표시하는 내 모습이 시원스레 보이고 구차해 보이고는 내가 어떻게 하느냐에 달렸다. 어떤 일이든 때맞춰서 해야 하고 내가 어차피 해야 할 일이라면 우물거리다 뒷북치지 말자. 그리고 또 하나, 다른 사람이 장에 간다고 자기는 거름을 지고 따라가는 못난 사람이 되어서도 안 된다. 나는 그럴 때 누군가 내 모습을 본다고 생각하며 무슨 일이든 뒷북치지 않는 시원시원한 모습이었으면 좋겠다.

목소리와 얼굴

　사람의 얼굴은 타고나는 것이기도 하지만 동시에 나날의 삶과 함께 쓰이는 것이기도 하다. 그 이면에 숨어 있는 내적 기질과 그 사람의 외향성, 삶을 대하고, 살아가는 지금 현재 삶의 모습들이 그 사람이 살아온 역사와 함께 얼굴에 그대로 드러나는 것이다. 거울에 비친 내 얼굴을 보고 있으면 학창시절과 젊었을 때 한창 일하던 모습과는 분명히 다르다. 세월이 가며 늘어가는 모습 때문이기도 하겠지만, 옛날 모습과 많이도 달라졌구나 하는 생각이 들 때가 있다. 그리고는 거울 속의 나와 세월의 덧없음을 이야기하는 것이다. 아무튼, 요즘 들어서는 여태껏 하던 생각에서 하나를 더하게 되었다. 말이란 그 사람 마음이 소리로 나타나는 것이기에 목소리도 얼굴 모습과 크게 다르지 않다는 생각을 하게 된 것이다.

　요즘 대부분 시간을 전에 미루어 두었던 일을 하느라 집에 있는 시간이 많다. 내 책상이 있는 자리는 바로 창문 옆에 있어 바깥의 온갖 소리가 가감 없이 들려온다. 오전 이르게는 트럭으로 생선 파는 장수, 점심때쯤이면 과일과 채소를 가득 실은 채소 장수, 그러다 그 사이 틈틈이 "칼 가시오~칼, 가위 갑니다."라고 외쳐대는 칼 가는 사람 또, 고장난 TV, 컴퓨터 산다고 외쳐대는 사람, 그리고 오후엔 어김없이 또 다른 장수들이 무엇인가를 외쳐대며 지나간다. 오가는 시간도 거의 비슷한 시간이다. 오랫동안 매일 그들의 목소리를 반복해서 듣고 있노라면, 목소리만 듣고도 어렴풋이 그 사람들의 성격이나 얼굴 모습까지 떠올려져 내심 궁금해지는 것이다. 그래도 필요 없는 물건을 사지 않는 한 얼굴을 직접 볼 수는 없다.

  트럭 확성기를 통해 들리는 목소리가 서로 다르고 외치는 방법, 목소리 톤, 외치는 간격 등이 모두 다르다. 하지만 외치는 목소리는 저마다 그 사람 특유의 색깔을 갖고 있어 소리만 듣고서도 그 사람 얼굴 윤곽이나 모습을 대충 가늠해 보는 것이 그리 막연하다는 생각이 들지 않는다. 그러다 간혹 물건을 살 일이 있거나 아니면 내 방 창문 앞에 멈추어 사람들에게 물건을 팔게 될 때면 차에서 내려야 한다. 그때는 그 사람의 모습을 자세히 보게 된다. 나는 그럴 때마다 참, 묘한 생각이 드는 것이다. 사람의 목소리와 얼굴 모습이 어쩌면 저렇게도 짝을 이룰까 싶어 또 다른 생각을 하게 된다.

  언젠가 농촌 관련 프로를 방영하는 TV를 보았다. 거의 평생 소를 키운 사람이 나와서 소와 관련된 이야기를 하는데 그 사람 얼굴에서 배어 나오는 모습이 소가 가진 분위기와 너무 비슷했다. 속으로 신기했고, 나는 무언가를 생각하게 하는 바가 있었다. 평생을 소와 함께하면 자신도 모르게 소의 모습이 배어들게 된다는 생각이 들었다. 어떤 일이든 한 가지를 가지고 평생을 살은 사람은 그 일이 그 사람 신체와 얼굴에 스며든다는 생각을 하게 한다. 평생 학문을 한 사람은 얼굴에 책의 향기가 스며들고, 평생을 땅과 함께한 농부는 땅과 거름 냄새가 얼굴에 배어드는 것이다.

  학창시절. 수업시간에 미술 선생님이 들려주시던 이야기가 떠올려진다. 다빈치가 명화 '최후의 만찬'을 그릴 때, 맨 처음 예수의 얼굴은 고생 끝에 예수의 모습과 흡사한 사람을 찾아 그를 모델로 예수를 그렸다고 한다. 그리고 마지막으로 유다의 모습을 그려야 하는데, 유다의 모습을 닮은 사람을 쉽게 찾을 수가 없었다. 그러다 어느 날, 곧 사형을 당하게 될 어느 사형수를 만나게 되었는데 다빈치는 그를 모델로 유다의 모습을 그리게 되었다고 한다. 그림을 다 그리고 나자, 모델이 되었던 사람이 다빈치 앞으로 다가와 눈물을 흘리며 말하기를 "선생이시여, 저를 모르겠나이까. 오래전 예수의 모델이 되었던 사람이 바로 저입니다."라는 이야기가 생생한 기억으로 남아 있다.

선생님의 이야기가 진실이든 아니면 만들어진 이야기든, 상관없이 그 당시는 잔잔한 감동과 함께 정말 재미있게 들었다. 예수의 모델이 되었던 사람이 세월이 흘러 유다의 모델이 되었다는 사실과 인간의 마음속에는 예수와 유다가 함께 살아갈 수도 있다는 생각에 빠져들어 이야기의 여운이 한동안 내 머릿속에 머물렀다. 우리는 살아가면서 어떤 생각들을 가지고 어떤 모습으로 살아가며, 나 이외의 다른 사물들을 대하는 마음이 어떤 마음이다. 또 어떤 행동을 하고 현재 어떤 환경에서 어떻게 살고 있는가에 따라 현재의 얼굴 모습이 드러난다. 고달프면 고달픈 대로 고귀하면 고귀한 대로, 내 안의 모습들이 여과 없이 있는 그대로 얼굴에 떠오르는 것이다. 얼굴은 내가 걸어가고 있는 삶의 궤적을 따라 자신도 모르게 변해가는 것이다.

트럭으로 장사하는 사람들

　나는 아내가 있는 상가에 머무는 시간이 많다. 그러다 보니 이곳을 근거로 생계를 일구는 사람들을 보게 되고 그들의 삶을 보며 나를 돌아보는 시간도 갖는다. 이곳에서 매일 만나다시피 하는 사람들을 보며 나와는 다른 삶을 살아가는 그들 모습에 호기심이 생기는 것이다. 길 건너편에는 기차역이 있어 전국 각지를 오가는 사람들로 분주하다. 이곳에는 수많은 삶의 모습이 있고, 특히 상가 밀집 지역이라 온갖 물건을 팔러 다니는 사람들이 많아 자연히 그들의 모습을 눈여겨보게 된다. 이곳을 근거로 하는 사람도 있지만, 그중에 네 사람은 트럭에다 물건을 싣고 시간을 맞춰 상가를 돌아다니며 식당이나 다른 영업집을 상대로 장사한다. 세월이 흘러 내가 여기 있은 지 10년이 넘어섰기에 대부분 알고 지내는 사람들이다.

　그들이 상가를 지나는 시간은 저마다 다르지만, 그 시간은 좀처럼 틀리지 않는다. 물건을 싣고 상가로 들어오며 마이크로 외치는 목소리도 그때나 지금이 변함없다. 오랜 시간 그들을 지켜보면, 지나가는 속도와 마이크로 외치며 물건을 파는 방식이 저마다 다르다. 오전에 채소를 싣고 오는 사람은 멀리서부터 들리는 목소리가 경쾌하고 씩씩하다. 한 가지 물건을 두고 두 번씩 반복해서 외치며 헐값으로 드린다는 말을 빼놓지 않는다. 막상 물건을 사보면 별로 싼 것도 아닌 데 "정말 싸게 드립니다! 싸게 드려요!" 하는 말에 귀가 여린 사람은 매번 그 말에 속는 줄 알면서도 나가보는 것이다. 그 사람은 무거운 것은 직접 가게 안으로 가져다주고 사람들에게 친절하다. 물건을 팔며 흘린 채소 이파리 같은 것도 쓸어 모아 쓰레기통에 버리고 큰 소리로, "많이 파세요!" 싹싹하게 인사하고 간다.

오후에 오는 사람은 멀리서부터 들리는 소리가 바쁘다. 트럭에 싣고 있는 물건 이름을 전부 외친다. 언뜻 세어보면 40가지 정도인데 그것을 순서대로 다 외운다. 꼭 그것을 일일이 외워서 외쳐야 할까 싶기도 하지만 방식을 바꾸지 않는다. 그 사람은 목소리만큼 지나가는 속도가 빨라 무엇을 살까 싶어 사람들이 밖으로 나가는 사이 벌써 저만큼 가고 있다. 조금만 느리게 갔으면 틀림없이 팔 수 있었을 터인데, 하는 마음에 아쉬울 때가 많다. 그러나 중요한 것은 트럭에 실은 물건을 보면 종류만 많았지 왠지 시들하고 윤기 없어 보인다. 가짓수가 많으니 그것을 다 팔고 새로운 물건으로 바뀌는 데 시간이 걸리기 때문일 것이다.

또 다른 사람은 생선을 파는 사람인데 목소리가 느릿하고 힘이 없다. 트럭은 천천히 지나가지만 외치는 목소리는 생기가 없다. 사람들이 물건을 사러 다가가면 마지못해 나오는 것처럼 차에서 내리는 동작도 느리다. 손님에게 물건을 팔며 대화하는 목소리도 생기가 없고 살 테면 사고 싫으면 말라는 식이다. 그렇게 느리게 상가를 돌아다니지만 멈추어 생선을 파는 모습은 별로 보지 못한다. 트럭에 있는 생선도 싱싱하지 않을 것 같고 사람들도 나와 같은 생각인지 그 트럭이 지나가면 별 관심이 없다.

반대로 일주일에 두 번 정도 오는 트럭인데 그 사람 목소리는 유별나다. 멀리서부터 외치는 소리를 들으면 마치 생선이 살아서 팔딱이는 것처럼 생기 넘친다. 외치는 방법도 특이하다. "자! 갈치 고등어, 싱싱합니다. 어제 갓 잡았습니다. 갈치는 제주도 갈칩니다. 비늘이 번쩍번쩍합니다. 나와 구경하세요. 생선 눈알이 아직 살아 있습니다. 자! 두 마리 만원, 다섯 마리 이만 원, 어시장보다 쌉니다. 구경하세요!" 이렇게 외쳐대니, 정말 생선 눈알이 살아있는지 궁금하기도 하고 두 마리 만원인데 다섯 마리 이만 원이면 어시장보다 싸다 싶은 생각에 생선을 사는 것이다. 이렇게 상가를 한 바퀴 돌고 나면 트럭에 있던 상자가 거의 비게 된다. 목소리도, 물건을 팔며 손님을 대하는 모습도, 신이 난 모습이다. 한 마디로 활력이 넘친다. 생선을 팔며 거스름돈을 꺼내는 전대에 돈이 가득하다.

나는 늘 만나는 네 사람에 관해 이야기했다. 사람은 내가 생각하는 쪽으로 삶이 스며든다고 한다. 무슨 일이든 할 수 있다고 생각하는 사람은 어떤 일을 두고 되는 일을 찾아내지만, 안 된다는 생각을 하는 사람은 안 되는 일만 기막히게 찾아낸다. 어떤 일에 실패하는 고통보다는 내가 그것에 최선을 다하지 못한 것을 깨닫는 것이 훨씬 더 고통스러운 법이다. 실패는 모든 성공 안에 숨어 있으며, 실패 안에는 모든 성공이 숨어있다는 것을 안다면, 자신의 삶을 어떤 자세로 살아야 하는지도 알게 되지 않을까. 어쩌면 세상일은 가장 쉬워 보이는 것이 정말 어려운 일인지도 모른다.

5부

사람은 누구나

이 세상에는 잘못된 것이 하나도 없으며,
다만 세상을 대하는 우리의 태도가 문제일 따름이다.

사람은 누구나

구전지훼(求全之毁)라는 고사성어가 있다. 몸과 마음을 닦아 행실을 온전히 하려고 하다가 도리어 남에게서 듣는 비방(誹謗)을 말한다. 혹시라도 내가 이렇게 되지 않을까 싶어 두렵다. 나는 내가 본 대로 느낀 대로 이야기한다고는 했지만 나와는 생각이 다르거나 내가 잘못 알고 있는 사실을 지적해줄 사람도 있을 것이다. 글 중에는 수평을 잃은 저울추처럼 공평하지 못한 부분이 있을지도 모른다.

이 세상에는 잘못된 것이 하나도 없으며, 다만 세상을 대하는 우리의 태도가 문제일 따름이다. 따라서 사람과의 관계에 관해 어떻게 경험하느냐 하는 것은 기본적으로 그것에서 어떤 것을 얻느냐. 앞으로 무엇을 어떻게 해야 하는가 하는 문제가 아니라 사람과의 관계가 현재적이라는 사실 인식이다. 나 자신이 그것을 가로막고 있는 어떤 행동을 지금 하고 있는가 하는 문제다. 그 해답은 에고(EGO)에 기반을 둔 우리 주위의 모든 것이다.

내 딴에는 아무리 신경 써서 썼다고는 하지만 생각이 치우친 부분도 더러는 있을 것이다. 그런 글 가운데 독자에게 비난받는 글도 있을 것이고 글을 읽으며 카타르시스를 느끼는 글도 있을 것이다. 퇴고하는 과정에서도 여러 번 읽어보았지만 내 말이 그리 엉뚱하다고는 생각지 않는다. 내가 만든 잣대로 상대를 평가하고 판단하는 일만큼 위험한 것도 없다는 것을 안다. 평소 우리는 상대의 허물은 크게 보이고 내 허물은 적어 보이는 것이 습관화되었다. 남을 꾸짖는 마음으로 자기를 꾸짖고 나를 용서하는 마음으로 남을 용서할 수 있다면 아마 이런 사람은 종교마저도 필요 없을 것이다. 나는 이번 산문집을 만들며 내가 이 같은 글을 써도 될까, 하는 생각이 글 쓰는 동안 잠시도 내 머릿속을 떠나지 않았다. 하지만, 남에게 미움 받을 용기로 이야기하는 것이다.

부처님 손바닥에서

평소 관심 있게 지켜보는 정치인과 TV에 자주 오르내리는 사람 중에 유독 나의 관심을 끄는 사람들이 있다. 그들의 모습을 소재로 지금까지 쓴 글이 제법 많다. 신문과 방송을 통해 자주 보는 사람이라 그의 일상에서 일어나는 온갖 이야기를 듣고, 실제 모습을 보는 것이기에 그것이 글의 소재가 되어 이야기되는 것이다. 그리고 내 주변에 있는 어떤 단체의 지도자가 되는 사람을 상대로도 많은 글을 썼다. 꼭 그를 두고 했던 이야기는 아니지만, 그에게서 사람의 갖가지 모습을 유추해볼 수 있었다는 것은 부인할 수 없다.

글을 쓰기로 작정한 다음에는 지금까지 보던 것과는 전혀 다른 모습이 눈에 보이는 것이 또 다른 경험이었다. 겉으로 보기에는 참으로 온화하고, 모든 점에서 신사답다고 생각한 사람에게서 저토록 다양한 모습이 숨어있다는 것에 새삼 놀라웠다. 상황에 따라 변하는 모습은 선인과 악인의 경계를 번갈아 가며 넘나드는 과정이 마치 손오공의 변신술을 보는 듯하다. 오랜 시간 지켜본 그의 모습은 참으로 변화무상해서 마음 안에 얼마나 많은 것이 숨었는지 갈수록 궁금했지만, 그래서 사람인가 하는 생각도 들었다. 상황 따라 변하는 그들의 모습은 보통사람은 할 수도 없는 일이다. 그러나 분명한 것은 손오공이 온갖 재주를 부리며 제아무리 날고뛰어도 결국 부처님 손바닥 안에 있음을 잊지 말아야 한다.

때로는 이런 생각이 든다. 부처님 손바닥 안이란, 우리가 사는 세상을 말하는 것이고, 그 안에서 인간의 오욕칠정(五慾七情)을 벗어나지 못하는 것을 두고 하는 말 아닐까 하는 생각이다. 세상에는 부처님 손바닥을 벗어난 사람도 있을 것이고, 초인적인 자기 수행과 끊임없는 노력으로 부처와 거의 경계지점에 이르는 사람이 있을지도 모른다. 사람은 이처럼 극과 극의 모습으로도 존재하는 것이다. 그런 사람이 존재하는 한 내가 이루었다고 하는 것은 참으로 보잘것없는 것일 수밖에. 내가 그것을 알고부터는 나 역시 언제나 부처님 손바닥 위에 있음을 알지만, 어떨 때는 부처님 손바닥을 벗어나고픈 생각에 눈감고 그곳을 벗어난 옛 선사들의 모습을 상상할 때도 있다.

나는 글 쓰는 과정에서 그들의 모습을 통해 나를 돌아보는 시간도 될 수 있다는 마음으로 글을 쓴다. 자칫 넘치는 일이 있을까 싶어 항상 그것이 조심스럽다. 사람은 자기가 직접 겪은 일이 아니어도 남의 이야기를 하기는 쉽다. 좋은 이야기든 나쁜 이야기든 자기 기준으로 남을 평가하는 일만큼 신중해야 할 일도 없다. 그런데 나는 너무도 쉽게 남을 평가하는 것은 아닐까 하는 생각에 두려운 생각이 들 때가 한두 번이 아니다. 내가 만약 그렇다면 나의 그런 오만과 건방짐은 대체 어디서 오는 것일까. 물줄기가 저항이 약한 곳을 찾아 흘러가듯 정서적인 느낌도 가장 손쉽게 다룰 수 있는 상징을 찾아 그 상징의 옷을 걸치게 되듯이 나에게는 그것이 사람인 것이다.

부처님 손바닥 안에서 사는 우리는 누구 없이 도토리 키 재듯 똑같은 처지다. 지금에 와서 생각하면 그 사람 이야기라고 쓴 글이 바로 내 이야기일 수도 있음이다. 내가 나를 볼 수 없으니 다른 사람이라는 거울을 통해 나를 보라는 것인지도 모른다. 그런데 나는 내 모습을 보고 글 쓴 줄도 모르고 온갖 이야기를 혼자 떠들어대는 것이다. 나 역시 그와 같은 상황이었으면 틀림없이 똑같거나 아니면 더했을지도 모른다. 요즘 들어서는 내가 아무리 날고뛰어도 거기서 거긴데 손바닥 안을 벗어나지 못하는 인생이라면 차라리 다른 사람을 두고 이런저런 얘기나 하지 말 것을 하며 잦은 후회를 한다. 뭣도 없는 내가 아는 체하며 사람을 평가하려 했던 오만과 무지가 갈수록 부끄러워진다.

앞으로 사람을 두고 글을 쓴다면 오직 작가의 눈으로 본대로 내가 느낀 대로만 말할 것이다. 내 기준에서 벗어나 객관적이지 못한 생각을 덧입혀 이야기하지 않을 것이다. 내 앞가림도 못 하면서 어떻게 남의 일을 말할 수 있겠는가. 이제라도 그것을 알았다면 꼭 하나 명심해야 할 것이 있다. 설령 사람에 대한 이야기를 글로 쓰더라도 그 과정에서 어떤 경우에도 자기 은폐나 자기기만, 자기 위안에 빠지지 않아야 한다. 스스로 불 밝혀 걷는 자등명(自燈明)의 길이 되어야 할 것이다.

배제 아닌 배려

혁신학교의 삼대 정신이 "경쟁 아닌 협력. 주입 아닌 토론. 배제 아닌 배려."라는 걸 조정래 작가의 '풀꽃도 꽃이다.'라는 책을 읽으며 알았다. 그중에서도 세 번째 말이 마음에 와 닿는 것은 사람과의 관계에서 배제와 배려의 선택에 따라 갈라지는 차이가 하늘과 땅만큼 큰 까닭이다. 한창 커가는 청소년들에게 배제 아닌 배려는 그 정신으로 말미암아 지옥에서 천당으로 구원받는 것이나 다름없다. 동굴 같은 어두운 환경에서 밝은 광장으로 나오는 것과 같은 것이다. 배제와 배려라는 두 갈래 선택에 따라 그 청소년의 장래가 달라지는 일이다. 이것은 직장생활도 마찬가지다.

일본 작가가 쓴 '미움 받을 용기'라는 책에 이런 대목이 있다. 유대교 교리 중에 "열 명의 사람이 있다면 그중 한 사람은 반드시 당신을 비판한다. 당신을 싫어하고, 당신 역시 그를 좋아하지 않는다. 그리고 그 열 명 중 두 사람은 당신과 서로 모든 것을 받아주는 더 없는 벗이 된다. 남은 일곱 명은 이도 저도 아닌 사람들이다." 이때 나를 싫어하는 한 명에게 주목할 것인가, 아니면 나를 사랑해주는 두 사람에게 집중할 것인가, 혹은 남은 일곱 사람에게 주목할 것인가. 그게 관건이다. 인생의 조화가 모자라는 사람은 나를 싫어하는 한 명만 보고 세계를 판단한다.

배제와 배려는 사람과의 관계 속에서 만들어지는 것이다. 사람들 가운데서도 자기가 미워하는 사람을 배제하는 사람이 있고, 반대로 배려하는 사람도 있다. 가정과 직장, 학교와 사회, 세상 어디든 사람 모이는 곳이면 빛과 그림자처럼 생기는 일이다. 양심 있고 교사다운 교사는 문제 학생을 배제하지 않고, 배려할 줄 아는 너그러운 마음을 가진 사람이다. 그런 교사를 만나는 것은 학생의 운명을 바꿀 만큼 커다란 힘을 지닌다. 이 같은 마음 원리는 교사와 학생의 관계를 떠나 세상 어디에도 적용되는 것이다. 누군가를 배려할 때는 그 상대만을 배려하되, 배려한다고 해서 상대가 그 사랑으로 인해 자기가 하고 싶은 것을 못하게 되는 그런 상황은 일어나지 않아야 한다. 그 속에서 스스로 자유로울 수 있는 그런 개인적인 자유는 보장되어야 한다는 것이다.

 학교를 졸업하고 사회생활을 하면서도 밉고 싫은 상대를 만나면 먼저 눈에 거슬린다는 생각부터 하는 것이다. 그러기 전에 다시 한 번 상대를 바라보는 것도 한 번쯤 생각해볼 일이다. 그래도 어쩔 수 없이 싫다면 상대를 위해 결정적인 순간에 한쪽 문을 살짝 열어주는 근사한 신사의 모습으로 돌아가면 안 될까. 왜냐하면, 상대의 눈에도 나 역시 내가 상대를 보는 것과 똑같은 모습으로 비칠지도 모르기 때문이다. 그것은 나를 위한 것이기도 하다. 어떤 이들은 자기가 상대를 배제했다고 여겨 자신이 이긴 것으로 생각하고 온갖 험담을 하고 깎아내리지만, 오히려 그런 모욕을 참고 침묵하는 사람이 늘 이기고 있다는 사실을 알지 못한다.

 불교의 가르침에 인생의 팔고(八苦) 가운데 미워하는 사람을 만나거나 살아야 하는 원증회고(怨憎會苦)가 있다. 이것은 사람인생에서 피할 수 없는 것인데, 그래도 피하고 싶다면 둘 중 하나다. 사람 없는 곳에 혼자 살던지, 아니면 득도해서 부처님처럼 깨달은 사람이 되든지 하나를 선택해 살면 된다. 배제와 배려의 참뜻을 제대로 모르는 사람이 학생을 가르치는 선생이라면 더는 말할 것도 없다. 규모의 크고 작음을 떠나 우리 사회의 단체나 조직을 이끄는 지도자가 그것을 모르면, 지도자의 자격이 모자라도 한참을 모자라는 사람이다.

자기 자랑하는 사람들

평소 자랑하기를 좋아하는 사람이 블로그나 인터넷 카페에 올린 글을 보면 내용이 앞뒤가 맞지 않고 혼란스러울 때가 있다. 언뜻 보기에 객관적인 것 같고 이름 있는 사람의 말을 인용하며 그럴듯하게 썼다. 하지만 끝까지 읽어 보면 현학적(衒學的) 문장이 대부분이고 마음에 와 닿는 부분은 한 곳도 없다. 여기저기서 끌어온 것으로 글에 덧붙이기도 하고 때로는 다른 좋은 이야기를 길게 늘어놓지만, 마지막에는 자기를 드러내는 이야기다. 안 그런 것 같지만 읽는 사람의 눈은 속일 수 없는 법이다. 왜 그렇게 자랑을 하고 싶을까. 나는 이런 사람을 보면 은근히 화가 치민다. 마치 꿀단지에 빠져 허우적대는 벌 같다는 생각이 든다.

우리가 마음에 두어야 할 것은 꼭 써야 할 글이라면 글 속에 자기에 대한 애착이 드러나면 안 된다. 그러나 대부분 사람은 마음이 앞서 표현하기 바쁘다. 반드시 얼마간 시간을 보내야 한다. 다시 말해 시간이라는 채로 걸러내야 한다는 말이다. 그러면 쓰지 않아야 할 글이라든가 쓸데없는 부분을 드러나게 해준다. 하고 싶은 말이 목구멍까지 차올랐어도 바쁘게 서둘면 안 되는 것은, 그렇게 쏟아낸 글은 대부분 주제가 실종되고 실수하기에 십상이다. 그리고 남의 비판을 탓해서는 안 될 뿐만 아니라 자기를 높이 평가해주지 않는 사람에게 보는 눈이 없다고 원망하는 것만큼 잘못이 없다. 상대의 평가에 문제가 있는 것이 아니라 자기 스스로 지나친 기대를 하고 있는데 원인이 있는 것이다. 자신에 대한 높은 평가를 남에게 기대하고, 그것이 기대에 못 미치면 남을 원망하는 것만큼 꼴불견인 것도 없다.

 공자의 가르침에도 "남이 나를 알아주지 않는 것을 걱정하지 말고 내가 남을 알아보지 못하는 것을 걱정하라." 했는데 자기 자랑에 빠진 사람은 어디를 가든 자기를 알리지 못해 안달이다. 동물의 세계에서는 짝짓기할 때를 빼고는 그런 일이 없는데, 사람 사는 사회는 때를 가리지 않는다. 동물은 대부분 수컷이 짝을 찾을 때만 자기 자랑으로 분주하지만, 사람은 남녀 구분이 없고 때와 장소가 따로 없다. 그러는 동안 자기만족이나 잠깐의 존재감을 느낄지는 몰라도 그건 하나만 알고 둘은 모르는 사람이다. 내가 비슷한 이야기를 너무 많이 하는 까닭은 이런 유의 사람이 너무 많기 때문이다.

 입만 열었다 하면 자기가 가진 얕은 지식으로 다른 사람의 말할 기회마저 빼앗는다. 어쩌다 그런 사람이 쓴 글을 보면 글이라기보다 온통 자기 자랑 칠갑이다. 꼭 광고 전단을 보는 것 같다. 왜 그렇게 자기 자랑을 하고 싶을까. 어떻게 보면 그런 사람은 진정한 만남이 없어 보기와는 달리 혼자 외로운지도 모른다는 생각이 든다. 사는 게 즐겁고 자기가 하는 일에 만족하고 행복하다면 떠들 이유가 없다. 떠든다는 것은 내가 행복하지 않다는 것을 스스로 인정하는 꼴이라 남이 알아주지 않을 뿐만 아니라 자기를 깎아 먹는 일이다.

 전에는 그토록 싫어하던 산에서 들리는 라디오 음악을 지금은 거부감 없이 듣기로 마음먹은 터라 때로는 따라 부를 만큼 이제는 싫지 않다. 그들도 나같이 외롭기 때문일 거라는 생각이 들어 마음을 열었기 때문이다. 곁에 있는 사람이 외롭다는 걸 알았다면 함께해서 외롭지 않게 해야 한다. 그것을 알고도 외면한다면 나중에는 자기가 외로워진다는 것을 기억해야 한다. 우리가 꼭 알아야 할 일이 한 가지 더 있다. 겸손한 사람 주변에는 사람이 모이지만 자기 자랑 많은 사람 곁에는 사람이 모이지 않는다는 것이다. 오히려 있던 사람마저 떠나게 된다는 사실을 명심해야 한다.

너나없이 이제 자기 자랑은 멈추고 자기에게 베푸는 애정을 다른 사람에게 하는 칭찬으로 바꾼다면 얼마나 좋겠는가. 사람은 자신을 이겨냄으로써 완성되고 자신만을 사랑함으로써 망가진다고 했다. 남이 따뜻하면 내가 따뜻해지는 것이다. 북극 펭귄들이 서로의 자리를 바꾸어가며 체온을 나누면서 모진 추위를 이겨내는 것처럼, 무리 옆에 떨어져 외롭게 얼어 죽은 펭귄이 되지 않으려면 우리도 서둘러 서로의 체온을 나누어야 한다. 그 해답은 자기가 자기를 자랑하지 않는 것이다.

변한 건 없는데

　조삼모사(朝三暮四)라는 고사성어가 있다. "원숭이를 기르는 사람이 상수리를 주면서 아침에는 세 개 저녁에는 네 개를 주면 어떻겠냐고 하자 원숭이들이 모두 화를 내었다. 그러면 아침에 네 개 저녁엔 세 개를 주면 어떻겠냐고 하자 원숭이들이 모두 기뻐했다."고 하는 뜻이다. 명분과 내용이 달라지지 않았는데 기쁨과 성냄이 다르게 일어난다. 내 주변에도 이런 원숭이의 생각과 같은 사람이 수두룩하다. 누구에게나 똑같이 적용되는 일에 대해서도 자기 이해관계에 따라 문제없는 것을 걸고 넘어져 자기 이득을 챙기고 성내고 기뻐하는 것이 단순한 원숭이보다 더했으면 더했지 덜하지 않다. 우리 정치판을 보아도 여야가 어떤 일을 두고 다투는 모습이 원숭이가 셈하는 것과 다를 것이 없다. 그 모습이 고스란히 옮겨온 것처럼 우리 주변의 작은 조직이나 단체에도 이런 일들을 눈만 뜨면 맞닥뜨린다.

　하루에 일곱 개 주는 것은 같고 아침저녁으로 숫자가 바뀌어도 원숭이에게 해가 되지 않는 것은 똑같은데 원숭이 눈에는 당장 눈앞의 것이 커 보이는 것이다. 이 같은 셈법은 우리 주변에서 수시로 생기는 일이다. 평소 자신의 삶에 부지런하고 깊이가 있는 사람은 아침에 세 개주고 저녁에 네 개 준들 아무 상관없다. 하지만 모든 일에 단순하고 게으르며 생각이 얕은 사람은 아침에 네 개 주는 것에 기를 쓰고 매달리는 것이다. 그저 눈앞의 것만 챙기느라 나중 것을 보지 못하는 까닭이다. 이런 말도 있지 않은가. 인간은 자신이 행복하다는 사실을 모르기 때문에 불행하다는 말이다. 여기에 이 말만큼 들어맞는 말이 또 있을까.

 그것은 남의 밥 콩이 커 보이고 제 것은 항상 작아 보이는 균형 잃은 마음 때문이다. 항상 제 것은 작아 보이고 늘 자기가 모자란다는 그 마음이 가난이고 결핍인 줄 모른다. 어떤 일에서건 같은 일을 두고 자기는 피해자고 공평하지 못하다는 마음을 버리지 못하는 사람. 나만 손해라는 피해의식에 빠진 사람은 그 마음을 털어버리지 못하는 한 가난의 저주에서 벗어날 수가 없다. 이처럼 부분과 전체를 혼동하는 것은 생각이 깊지 못하다는 증거다. 전체를 보지 못하고 부분에 얽매여서 늘 핵심을 놓친다. 그리고는 공연히 달라진 것만을 탓하고 애먼 상대를 타박하는 것이다.

 아무것도 달라진 건 없는데 이름 바꾸고 앞뒤 순서만 바꾼 것은 금방은 새것으로 보일지 몰라도 속을 들여다보면 달라진 게 없다. 눈에 보이는 것만 바뀌었을 뿐 내용은 전과 같다. 곳곳에서 만나는 이런 일들은 무슨 일이든 처지에 따라 생각이 다른 정치판이나 이웃과 이웃 간의 모습도 마찬가지다. 서로 아침에 내게 먹으려고 기를 쓰고 달려드는 원숭이 모습과 꼭 닮았다. 왜 우리는 이런 것에서 벗어나지 못할까. 아침나절만 볼 것이 아니고 온종일을 보는 사람이 있고, 하루만 보는 게 아니고 거의 매일 보는 사람은 사태를 보는 관점이 다르다. 그렇게 보는 시야를 넓힐 때 우리가 만나는 사물은 제 모습대로 안으로 들어오게 되고 내가 아는 만큼 보게 된다. 어떤 일을 아무런 생각 없이 보는 사람은 알고 보는 사람의 앞선 생각을 절대 따라가지 못한다.

 열자(列子)가 양주(楊朱)에게 한 말을 옮긴다. "..... 거기서 한 단계 더 나가면 얼마든지 비유의 뜻을 확장할 수 있지. 예컨대 권력자들이 백성들을 희롱하는 것에도 적용할 수 있지. 악법을 고친다 했다가 고치지 않는다고 하고, 백성들이 들고 일어나니까 부랴부랴 법을 고친다고 공표하고는 뒷구멍으로는 그 악법보다 더한 부정부패를 저지르고 결국 백성들은 똑같이 당하고 말지. 그리고 조삼모사(朝三暮四)는 공장 주인과 직공들 간에도 적용될 수 있지. 직공들이 임금을 올려달라고 항의하니까 할 수 없이 임금을 올려주면서도 뒷공작을 하여 물가를 조작하는 바람에 결국 직공들이 손에 쥐는 것은 매일반이거나 오히려 이전보다 더 적을 수도 있지. 그런데 뒷일은 내다보지 못하고 당장 임금을 올렸다고 기뻐하는 직공들은 아침에 밤을 세 개 준다고 좋아하는 원숭이들과 다를 바 없지 않겠는가?"

세상인심

 사람과의 관계도 평소 자기에게 득이 되고 뭔가 필요한 게 있으면 문턱이 닳도록 드나든다. 그러다 뜻을 이루고 나면 발걸음이 잦아들다 나중에는 끊기고 만다. 옛날 귀양 간 선비들도 그가 현직에 있을 때는 찾아오는 사람들로 문전성시를 이루다 벼슬을 잃으면 찾아오는 사람이 없어 그만 대문 앞이 썰렁해지는 것이다. 먼 곳으로 귀양을 가게 되면 사람 발길이 뚝 끊긴다. 누구 할 것 없이 이런 게 사람의 마음이고 세상인심이다. 그런 야박함으로 절해고도에서 고독과 외로움으로 평생을 마친 사람도 있다. 반대로 절대고독과 외로움을 예술로 승화시켜 그런 환경이 아니면 나올 수 없는 불후의 예술작품을 만들어내며 한 시대의 큰 인물로 살다간 사람도 있다.

 사마천의 책을 읽으며 메모해둔 글 중에 이런 글이 있다. "한 번 죽고 한 번 사는데 사귀는 정을 알고, 한번 가난하고 한번 부유함으로써 사귀는 모습을 알며, 한번 귀했다가 한번 천해짐으로써 사귀는 참된 정을 알게 된다." 관직을 잃었다가 다시 얻은 선비가 대문에 크게 써서 붙여 놓았다는 글이다. 예전에도 그랬는데 지금인들 사람 마음이 그때와 달라졌을까. 오히려 주고받는 관계에서 따지는 이해득실은 예전보다 훨씬 복잡해졌고 바늘 끝 들어갈 만큼의 틈도 없어졌다.

 나는 오래전 그와 비슷한 세상인심이라는 수레의 바퀴살 하나를 설핏 보았다. 내 어릴 적 기억 가운데 하나가 아버지가 어떤 요직에 있을 때였다. 추석 같은 명절이 되면 갖가지 선물이 마루 한쪽에 쌓일 만큼 들어왔다. 어린 마음에도 마루에 쌓인 선물 보퉁이가 자랑스러워 친구들을 일부러 집으로 끌고 오곤 했다. 이렇게 많은 선물을 받는 아버지 자랑도 하고 싶었고, 선물 보퉁이 앞에서 보란 듯이 으스대던 기억이 난다. 어머니도 부엌과 방을 들락거리며 들어오는 선물에 기분 좋은 듯 선물꾸러미를 들고 오는 사람에게 더없이 친절했다.

그러다가 아버지가 그 일에서 물러나 평상시 모습으로 돌아온 다음이었다. 현직에서 물러난 그해 추석날 줄을 잇던 선물 보따리가 뚝 끊기고 과일 서너 상자와 대병 소주 두어 개 마루 구석에 놓인 게 전부였다. 아무런 표정 없어 보였지만 나는 아버지 얼굴 보기가 민망했다. 어린 마음이었던 그때 벌써 세상인심을 알았다고 해도 맞는 말이다. 요즘 사람들도 사회생활을 하며 집안 대소사를 치르거나 관직에 오르내리다 보면 같은 일을 겪는다. 그게 세상인심인 것을 알면서도 막상 그런 상황이 오면 받아들이기를 어려워하는 것이 사람의 마음이다. 그냥 '그런가 보다' 하고 봐야 하는데 자기 기준으로 집안 대소사에 오간 사람이나 그 밖의 일로 이런저런 일들을 분별하며 가리다 보면 내가 가린 만큼 마음을 잃는다.

오고 간 것을 일일이 따지다 보면 내가 미처 생각지 못한 것도 가끔 눈에 뜨일 것이다. 그러면 내가 그러지 못한 일이 있었을 때 나를 기다리던 상대방은 나에게 어떤 마음이 들었을까. 무엇에든 완벽한 사람은 없다. 내가 상대를 기다리는 시간 상대도 나를 기다리고 있다는 사실을 잊어버리지만 않는다면 세상살이가 그리 팍팍한 것만은 아닐 것이다. 먹을 게 많은 잔칫집에 사람이 붐비듯 내가 뭔가 얻을 게 있어야 발걸음이 잦은 법이고 얻을 게 없으면 발길 끊는 게 세상인심이다. 그게 어쩔 수 없는 사람의 속성이다. 그것은 다른 사람도 그렇고 나도 그런 것 아닌가.

금덩이와 고구마

지금 자기가 가진 것을 영원히 살 것처럼 움켜쥐고 그것으로 성공했다고 하는 사람들을 지켜보면 내가 보기에 그리 행복해 보이지 않는다. 행복하고 여유롭고 평온하기보다는 오히려 더 우울하고 불행해 보이는 이유는 무엇 때문일까. 아마 그것은 그들이 생각하는 행복의 의미가 자기가 했던 생각과 달라서일 것이다. '이번 한 번만' 하며 갈망하다 그것을 이루고 나면 돌아서서 또 다른 '이번만'을 기다리는 것이 사람 마음이다. 계속되는 '이번'을 기다리다 보면 항상 마음 졸이며 사는 까닭에 행복을 누릴 겨를이 없는 것이다. 수많은 비교 속에서 사는 우리가 꼭 기억해야 하는 것이 있다. 행복을 확인하는 첫 번째가 지금 내가 만족하는가 아닌가에 달렸다는 말이다.

사람마다 행복의 기준이 다르겠지만, 자신이 가진 것과 하는 일에 행복을 느낀다면 그것으로 진정 행복한 것 아닐까. "한 손에 금덩이를 쥐고도 근심하는 사람보다 손에 고구마 한 개를 쥐고 환하게 웃는 사람이 행복한 사람."이라고 한 성철 스님의 말씀처럼, 많은 것을 가지고도 감사할 줄 모르는 사람은 금덩이를 손에 쥐고 고민하는 사람이다. 그러니 아무리 많은 것을 가졌어도 자기가 만족 못 하면 성공이나 행복은 먼 나라의 이야기다. 이처럼 행복에 대한 정의는 너무 쉽고 간단하다. 부유해도 만족 못 하면 가난한 것이고, 가난해도 만족하면 부유한 것이다. 사람들이 이것을 알고는 있어도 실제로 자기가 가진 것에 스스로 만족하는 일은 드물다.

찻잔을 손에 들고 있는 동안은 찻물이 계속 떨린다. 이유는 들고 있는 동안은 놓치지 않으려 손에 힘이 들어가기 때문이다. 그러나 바닥에 가만히 내려놓으면 잠잠해지고 찻물에 온갖 사물을 비추었다 사라지곤 한다. 우리가 삶을 살아가며 수시로 맞닥뜨리는 어떤 것에 대한 생각도 그렇다. 끊임없이 생기는 욕심이나 온갖 생각들을 내려놓을 수만 있다면, 떨리던 찻물이 잠잠해지듯 요동치던 마음이 가라앉아 내 안을 들여다볼 수 있을 것이다. 사람이 하는 일 모든 게 그렇다. 운동선수도 아무런 의식 없이 마음이 편할 때 제 실력이 나오는 법이다

성공이나 행복도 그것에만 마음이 얽매어 용을 쓴다면 그동안은 찻잔 속 찻물처럼 내 전부가 흔들려 마음의 찻잔에 행복의 모습을 담을 수 없다. 가진 것을 움켜쥐고 거기에 더 가지려는 마음에 얽매인다면 그것은 욕심이 아니라 탐욕이다. 우리가 또 다른 것을 바라는 마음을 내려놓을 때, 눈앞에 성공과 행복이 보이고 참다운 평화가 마음 안에 비치게 된다. 성공학의 대가들은 가치 없는 일은 자신이 무엇인가를 완수했다는 착각에 빠지게 만들고 가치 없는 일은 시간과 에너지를 소모하게 한다고 한다. 그리고는 자신의 한정된 삶을 낭비하게 만든다고도 했다. 시간과 에너지를 가장 가치 있는 일에 쓰는 것은 곧 다른 사람보다 갑절 이상의 시간과 에너지를 얻는 것과 같다. 그런 노력은 남보다 먼저 그 사람을 성공의 현관 앞으로 다가가게 한다.

사람은 많은 것을 소유하지 않고도 충만한 삶을 살 수 있다. 반대로 정말 많은 것을 가졌음에도 아무것도 얻지 못한 삶을 살 수도 있다. 행복이란, 손에 고구마 한 개를 들고 밝게 웃을 수 있는 바로 그 마음이다. 모자라는 것은 차고 넘치는 것보다 낫다는 것을 생각하며 내 분수를 아는 것만이 모든 것을 있게 하는 힘의 근본임을 아는 것이다. 낭비해도 좋을 만큼 풍족한 것은 결핍보다 더 가치가 없다. 나에게 필요한 것보다 그 이상의 것은 어쩌면 내가 겪지 않아도 되는 괴로움일 수도 있다. 삶은 자기가 생각하는 쪽으로 스며들고, 행복이라는 것도, 성공이라는 것도, 이 모두는 내가 만들어 내가 가지는 것이다.

내가 보는데 따라서

　내가 상대에게서 무언가를 보는 것이 아니라 어떻게 느끼는가가 사람 관계의 명제이듯, 그와 무엇을 하는가가 아니라 어떻게 하는가는 관계의 핵심이다. 한 사람을 제대로 알아간다는 것은 마라톤을 완주하는 것처럼 오랜 시간과 인내가 필요하다. 사람을 생긴 대로 사랑하고 세상을 있는 대로 보는 것이 그리도` 어려운 일일까. 만약 그것이 어렵다면 그냥 보이는 대로 보지 않고 내가 봐야 하는 대로 보려고 하는 이기심 때문이다. 무언가 자기만의 기준을 정해놓고 상대를 거기에 맞추려 하는 것이 본래의 마음을 가리는 것이다. 모름지기 성숙한 사람이라면 다른 사람의 이력과 삶에 대해 겸손한 자세로 다가가야 한다. 상대를 내 잣대로 평가하고 함부로 재단하는 것은 간데없는 오만이고 그릇된 일이다.

　사람들은 대부분 상대를 지금 보이는 대로 보지 않고 그 사람의 이력이나 외모, 아니면 다른 것을 가지고 판단하려 든다. 누군가의 이력은 사람을 판단하는 중요한 잣대가 되어 그것으로 어느 정도는 가늠할 수 있다. 하지만, 사람에 따라서는 그렇지 못한 경우가 훨씬 많다. 지난 것을 보고 판단하는 섣부른 생각은 그릇될 공산이 크다. 거기에는 시간이 가며 윤색되고 덧입혀지는 것도 있을 것이고, 사실과 다른 이력도 있을 것이다. 그러니 한 사람을 제대로 보려면 지금 모습을 보아야 한다.

이제는 이력이나 학벌이 사람을 판단하는 중요한 요소가 되지 못한다. 그뿐 아니라 화려한 이력이 성공의 조건이 되지 못하는 것도 마찬가지다. 빠르게 달라질 미래를 위해 우리는 어떤 이력을 가졌는가가 중요한 것이 아니라. 삶에 대해 어떤 가치관과 어떤 자질을 길러야 하는가를 고민해야 한다. 이력이란 것도 자기가 가진 것을 있는 그대로 보여주면 된다. 복잡하게 생각할 필요도 지나치게 긴장할 필요도 없다. 그냥 있는 그대로 솔직하게 표현하는 것만으로도 훌륭한 이력이 될 수 있다.

우리 인생은 앞으로 어떤 모습일지 아무도 모른다. 한 사람의 거짓 없는 모습은 과거도 미래도 아닌 지금 모습이다. 과거를 유추해 현재 모습을 판단하는 것이나 미래를 가늠해 지금을 판단하는 것은 성급하고 졸렬한 생각이다. 세상은 내가 보는 데 따라서 달라지는 것이기에 한쪽만을 본 것으로 전부를 다 아는 것으로 자만하는 것은 오만을 넘어 건방짐이다. 그것을 자기 판단의 자유라고 생각하겠지만 간데없는 착각이다. 어찌 되었건 이제는 오랫동안 길든 것에서 벗어나 기존 프레임의 껍질을 벗기고 나와 새로운 것을 볼 수 있는 눈을 떠야 한다.

자신의 의지 따라 다소 늦더라도, 자기가 좋아하는 일을 찾아 모든 힘과 능력을 거기에 집중한다면 원하던 일을 해낼 수 있다고 믿는다. 우리가 인생에서 경험으로 아는 것은 내가 좋아하는 일을 하지 않으면 결코 행복할 수 없고 가정도 행복할 수 없다는 사실이다. 그러나 내가 좋아하지 않는 일이라도 누군가를 위해 해야 하는 것이 우리 인생이다. 열심히 살다 보면 언젠가는 자신이 좋아하는 일을 할 수 있는 시간이 만들어진다. 그때를 위해서라도 자신의 이력이나 학벌을 의식해 스스로 기죽는다면 정말 한심한 일이다. 남들과 사회적인 시선 때문에 내 인생을 희생할 수 없지 않은가. 누가 뭐래도 내 인생이니까.

사랑의 순서를 모르는 사람

　논어(論語)에 남이 나를 알아주지 않는 것을 걱정하지 말고 내가 남을 알지 못하는 것을 걱정하라는 말이 있다. 이 말을 바꾸어 남이 나를 사랑해주기를 바라지 말고 내가 남을 사랑하지 못하는 것을 염려하라는 말로 바꾸어도 같은 맥락의 말이 되지 않을까 싶다. 이처럼 성인의 말을 다른 일에 대입해 또 다른 의미로 해석해도 말의 핵심을 비껴가지 않는다. 종교의 궁극적인 꼭짓점이 하나이듯 진리는 결국 한곳으로 통하는 것이다. 성인의 말을 가진 뜻대로 읽는 것도 중요하지만 어떻게 읽는가도 또 하나의 명제다. 사랑할 때는 그 상대만을 사랑하되, 사랑한다고 해서 상대가 그 사랑으로 인해 자기가 하고 싶은 것을 못하게 되는 그런 상황은 일어나지 않아야 한다.

　내가 남을 사랑하는 일이 쉬우면 남도 쉽고, 내가 어려우면 다른 사람도 어렵다. 또 내가 싫어하는 것이면 다른 사람도 싫어하고, 내가 사랑스럽고 좋으면 다른 사람 역시 사랑스럽고 좋은 법이다. 이런 이치 하나만 알고 있어도 세상을 살아가는데 나에게 꼭 필요한 열쇠 하나는 갖게 될 것이다. 다른 사람에게 장미를 선물하면 손에는 잔향이 남는다는 말처럼, 남을 위해 어려운 일을 쉽게 하는 것은 자기와 세상을 사랑하는 일이기도 하다. 자신을 사랑할 줄 아는 사람은 남도 사랑하게 되는 이치다. 그런 마음가짐은 다른 생명까지도 사랑하게 되는 사랑의 순서다.

　우리가 징검다리를 건널 때도 바로 앞에 있는 돌 하나에 마음 전부를 집중해야 하고 길을 걸을 때도 첫걸음이 중요하다. 언제든 내가 내딛는 첫걸음에 온 마음을 실어야 하고 둘째 걸음은 둘째 걸음대로 마음을 다해야 한다. 겨우 두 번째 걸음을 떼며 마음은 벌써 다섯 여섯 걸음에 가 있다면 절대로 끝까지 갈 수 없을 뿐만 아니라 설령 간다고 해도 자기만의 온전한 걸음은 아닐 것이다. 사랑도 마찬가지인 것은 돌다리를 건널 때처럼 가장 가까운 곳, 바로 눈앞에 있는 것부터 사랑해야 한다. 눈앞의 것을 외면하고 멀리서 찾으려 하다가는 온전한 사랑을 찾을 수 없을 것이다.

사람들은 흔히 자기 자신과 눈에 보이는 세상을 사랑한다고 말한다. 그러면서 다른 생명을 사랑하지 못한다면 어떻게 남을 사랑하는 기적 같은 일이 일어날 수 있겠는가. 바로 내 곁에 버려진 길고양이 한 마리를 측은한 눈길로 볼 수 없다면 다른 것을 사랑하겠다는 그 마음은, 내가 말한 첫걸음을 떼며 마음은 벌써 대여섯 걸음 앞에 있는 것과 같다. 참사랑은 멀리 있는 것이 아니라 바로 눈앞에 있다. 먼저 내 곁에 있는 것부터 사랑하다 보면 멀리 있는 것은 자연히 곁으로 오게 된다. 따지고 들면, 큰 것과 작은 것은 모두 하나이기에 사랑도 큰 사랑과 작은 사랑은 같은 것이다. 다만 내가 중심이 되어 내가 만든 잣대로 크고 작음을 구분하는 것이지 사랑은 크고 작거나 멀고 가까운 것이 아니다. 진정한 사랑은 내가 가장 잘 알고 있는 것, 나와 가장 가까운 곳에 있는 것이 가장 새로운 것이다.

인간은 자신이 행복하다는 사실을 모르기 때문에 불행하듯이 사랑의 순서를 몰라 사랑을 잃어버리는 것이다. 흔히들 생각이 좁은 사람들은 예수와 석가의 사랑을 세상에서 가장 큰 사랑이라고 한다. 하지만, 예수와 석가가 목숨을 버려가며, 고행을 자초하며 사람들에게 가르치고자 했던 것은 사랑에는 크고 작음이 없음을 전하려 했다. 우리가 그것을 안다면 한 방울의 빗물이 강물이 되어 바다를 이루는 이치도 알게 될 것이다. 큰사랑은 언제나 낮은 곳에 있다. 바다가 물의 왕이 될 수 있는 것은 항상 낮은 곳에 머물며 땅 위의 강물을 받아들이기 때문이다. 사랑도 마찬가지다. 낮은 마음으로 작은 사랑 큰사랑 가릴 것 없이 먼저 눈에 보이는 것부터 사랑해야 한다. 이게 사랑의 순서다.

새것만 찾는 사람

괴테의 말대로 "가진 것이 많다는 것은 그 뜻을 깨닫지 못하는 사람에게는 무거운 짐일 뿐이다."라는 말은 사람 마음을 꿰뚫어 본 것이다. 지나친 풍요는 오히려 결핍보다 못하다. 새로운 것에 대한 끝없는 집착, 이것은 한 사람을 고통 속으로 몰아넣는 마음속 블랙홀이다. 곁에 있는 사람보다 새로운 사람에 대한 호기심은 옷장에 수없이 많은 옷을 두고도 입을 옷이 없다고 푸념하며 새 옷을 찾는 것과 같다. 사람이나 물건 모두 새로운 것에 대한 갈망은 끝이 없다. 아무리 버둥거려도 사람의 호기심과 새로운 것에 대한 갈증을 채워줄 마법 같은 존재는 세상 어디에도 없다.

하나를 가지고 나면 또 다른 것을 향하는 마음은 목마른 사람이 바닷물을 먹은 듯 갈수록 갈증이 더 심해진다. 이런 우리는 산꼭대기로 바위를 밀어 올리는 신화 속의 시시포스다. 힘들게 산 위로 올려놓으면 제 무게로 산 아래로 굴러 떨어진 바위를 또다시 밀어 올려야 하는 고통과 같다. 그것은 만족할 줄 모르고 끝없이 반복되는 인간의 탐욕에 대한 신의 형벌인지도 모른다. 그러나 예외가 되는 일은 사람이 살면서 하나에 온 삶을 바치는 것이다. 남을 위해 의미 있고 숭고한 일로 새로운 것에 두려움 없이 몸을 던질 수 있는 사람도 제 인생 제대로 사는 사람이다. 새것에 대한 호기심으로 다른 것을 찾더라도 어떤 경우든 그 일이 탐욕이 되어서는 안 된다. 새로운 것에 대한 도전을 후회하지 않는다면, 그 일을 해도 좋을 것이다. 일이든, 배움이든, 사랑이든.

이란의 사디(sadi)라는 시인 시를 보았다. "배부른 사람에게 잘 구운 오리고기도 채소와 다를 바 없고, 배고픈 사람에게는 소박한 무 요리도 최고의 진수성찬이라네. 사막에서 죽도록 목이 마를 때, 사람들이 간절히 바라는 것은 돈도 보석도 아닌 시원한 물 한잔인 법. 심히 주리고 고플 때, 사람들이 가장 원하는 것은 두둑한 돈주머니가 아니라 당장의 배고픔을 해결할 쌀 한 자루일 뿐." 어려운 말도 아닌 인간의 가장 소박한 언어로 지은 이 시는 욕심을 넘어 탐욕으로 늘 목말라하는 우리에게 큰 울림으로 다가오는 것이다.

사람은 지칠 줄도 모르고 새로운 것을 찾으려 한다. 다른 무언가에 대한 호기심과 저 너머 또 다른 세계에는 틀림없이 지금과는 다른 행복이 있을 거라는 생각이 기대감을 키운다. 젊은 날에는 그런 꿈을 안고 사는 것이 청춘의 특권이겠지만, 차츰 나이 들어가는 지금은 명심해야 할 것이 있다. 내가 이미 가지고 있거나, 아니면 나와 가장 가까운 곳에 있거나, 그것도 아니면 한번 가졌다 버린 것을 다시 찾는지도 모른다. 자기만 모를 뿐, 우리는 이미 많은 것을 가지고 있지만 가지고 있을 때는 모르다가 그것을 잃어버리고 나서야 그 소중함을 알게 될 뿐이다. 우리가 가지지 못한 것은 행복이 아니라 행복을 발견하는 눈이라는 것도 중년의 나이가 될 즈음이면 알고 있어야 한다. '지금 내가 가진 것도 전에는 그토록 바라던 것'이라는 에피쿠로스의 말과 함께.

새로운 것에서 눈을 돌려 자신의 모습에 냉정해져야 한다. 이미 내 곁에 있는 가족과 나와 함께하는 사람이 나를 가장 사랑한다는 사실을 아는 것이다. 그것을 안다면 우리는 금방 자긍심을 가질 수 있으며 새것을 가졌다고 생각할 때보다 더 농도 짙은 기쁨을 느낄 것이다. 이 같은 자긍심은 내가 가진 것에서 새로운 것을 발견하는 나 자신의 능력에 관한 기쁨이다. 인생의 갈림길에서 새로운 것을 찾아 더는 방황해서는 안 된다. 무엇이든 새것을 찾으려는 건 내 마음이지 세상에는 애초 새것은 없는 것이다. 우리가 진정으로 필요한 것은 시시포스의 형벌에서 벗어나는 힘은 이미 내가 가졌다는 사실을 깨닫는 일이다. 그리고 할 수 있다는 자신에 관한 믿음이다.

잘못 만난 사람

　법정스님의 말씀 중에 먹지 않아도 될 음식은 먹지 말고, 하지 않아도 될 말은 하지 말고, 만나지 않아도 될 사람은 인연 맺지 말라고 한 말씀을 기억한다. 공자도 선생님이 싫어하는 사람을 묻는 자공의 물음에, 사람 중에는 어떻게 해도 달리 손쓸 도리가 없는 사람과 평가할 가치조차 없는 사람이 있다고 했다. 요즘 나도 하는 일마다 생각이 부딪혀 불꽃이 튀기 직전까지 가는 사람이 있다. 많은 것이 나하고는 생각이 다르고 거기에 서로가 자기주장을 굽힐 줄도 모른다. 그러니 둘 다 서로 만나는 것 자체가 조심스럽다. 나만 그런 게 아니라 그 사람도 분명 나와 같은 생각을 하고 있을 것이다.

　대체로 이런 일에는 상대의 모습이나 내 모습이 거의 똑같을 것이다. 그런 줄 빤히 알면서도 이러지도 저러지도 못하는 내 모습이 공자의 말처럼 그에게는 내가 평가할 가치조차 없는 사람인지도 모른다. 하지만 아무리 가까이 다가가려 해도 도저히 안 되는 사람이 있는 것은 나로서도 어쩔 수 없는 일이다. 사람이 하는 일에 안 될 게 뭐가 있느냐고 하겠지만 내 능력으로는 감당하기 어렵다. 성인인 공자도 어찌지 못할 사람이 있다고 했는데 속이 좁아터진 나 같은 사람은 말할 것도 없지 않은가. 정말 두려운 것은 자주 부딪치며 불꽃이 튀다 보면 언젠가는 정말 불이 날지도 모른다. 그러기 전에 내가 먼저 그런 상황이 생기지 않도록 해야 한다. 내가 자주 하는 말이지만 세상일에는 당당하게 맞서야 할 것도 있지만 때로는 돌아가야 할 것도 있으니까.

아무튼, 내가 자청한 것은 아니지만 뜻하지 않은 일을 하게 되었다. 일하게 되면 싫든 좋든 일과 관계되는 사람들을 만나야 한다. 그러다 보면 그들 가운데 유독 자기주장이 강한 사람을 만나는 경우도 있는데 지금 내 처지가 그렇다. 그와 만날 때면 나 역시 그러하기에 서로의 생각이 자주 부딪힌다. 나도 양보 못 하는 터라 자기 생각이 중심이 되어 있는 일방적인 그를 그냥 받아들이지 못한다. 그 사람 역시 마찬가지다. 내 눈에는 거의 맹목적이고 아주 집요할 만큼 편견에 사로잡혀있다는 생각이 든다. 그를 만날 때마다 마치 건너기 어려운 강을 만난 것처럼 한숨부터 나오는 것이다.

어떤 것에 관한 생각이나 기억이 서로 부딪힐 때 혹시나 내 기억이 틀릴지도 모른다는 생각을 한 번쯤은 할 수 있어야 할 터인데 그게 정말 뜻대로 안 된다. 나 스스로 어떻게든 그런 생각으로 바꿔보려 해도 도저히 방향전환이 되지 않는다. 똑같은 사람끼리 만났으니 자석을 같은 방향으로 놓은 듯 한사코 서로를 밀어내는 것이다. 매사 그렇게 부딪히는 상대도 다른 면을 보면 신뢰할만한 사람이기도 하다. 하지만 그 사람에 대해선 이제부터는 주저하는 마음 없이 설득하려고 하지 않을 것이다. 나는 나이 들어 사회적으로 자신의 자리를 굳혔다고 스스로 자만하거나 고집 센 사람을 만나며, 이런 생각이 들었다. 사람이 하는 일 한 가지는 만 가지로 통한다는 사실을 한층 더 믿게 되었다. 왜냐하면, 내가 그러기 때문이다.

마음이 좁아터진 나를 보고 사람들은 너도 똑같다고 나무랄 것이다. 이 같은 일로 고민하다 어느 날 문득 이런 생각이 들었다. 예컨대 내가 책을 읽다가도 아무리 노력해도 이해하지 못하는 부분이 있다. 그곳에 매달려 억지로 몰두하다 보면 시간과 마음을 빼앗기게 된다. 그러면 그 부분을 건너뛰어 책을 다 읽고 난 다음 그곳을 다시 읽으면 이해되는 것을 경험한다. 마찬가지로 상대하기 어려운 사람을 만나는 과정도 한 권의 책 읽기로 본다면 크게 다르지 않을 것이다. 당장 대화로 풀지 못하면 책장을 넘기듯 한번 건너 뛰어보자는 생각이 들었다. 그러다 보면 나중에 되돌아와 그 사람을 다시 만나게 될 때는 틀림없이 전과는 다르게 보일지도 모를 일이다.

그는 내가 만나지 않아도 될 사람이 아니라 계속 만나야 할 사람이다. 그러다가 서로 어려운 지경을 만나면 한 걸음 건너뛰어 한동안 시간을 보낼 것이다. 그런 다음 책 속에 어려운 곳을 다시 읽듯 그를 다시 만나다 보면 상대를 이해하게 되고 말이 통하게 될는지 모른다. 이제부터는 그와 만남을 까다롭고 이해하기 어려운 책을 읽는 일과 같다고 생각할 것이다. 혹시 남들은 이런 내 모습을 보고 한심하다고 비웃을까.

매듭을 풀어야할 사람

언젠가, 서로 신뢰하며 가까웠던 사람과 생각지도 못한 일로 사이가 나빠진 일이 있다. 그와의 관계가 갑자기 식어버린 까닭은 내가 인터넷에 올린 글 때문이었다. 속담에 "까마귀 날자 배 떨어진다."라는 말대로 당시 그가 추진하던 일과 묘하게 겹친 것이 화근이었다. 내가 봐도 칼럼 내용이 그 일과 맞물려 오해하기 쉬운 부분이 많았다. 그를 만나 자기를 빗대어 말한 게 아니라고 했지만, 오해가 깊어 이미 때가 늦어버렸다. 어떤 애매한 것에는 비난과 비판의 경계가 아주 모호할 때가 있다. 읽는 사람이 어떻게 해석하고 받아들이느냐에 따라 칼날이 되기도 하고 그냥 평범한 칼럼이 되기도 한다. 하지만 극심한 오해를 불러와 급기야 서로 반목하면서 헐뜯는 일까지 생기다 보니 좋았던 사이가 한순간 악연이 되고 말았다.

그런 일이 있고부터는 어느 한쪽이 마음이 바뀌어 화해의 손을 내밀지 않는 한 처음으로 돌아가기 힘들다. 글 하나가 둘 사이를 이처럼 벌어지게 할 줄은 몰랐고 시간이 갈수록 여러 가지로 불편한 일이 생겼다. 어쩌면 아무것도 아닌 글 하나를 두고 둘의 관계를 이렇게까지 망가지게 할 줄은 생각지도 못했다. 상황에 따라 얇은 얼음장 같아지는 사람 관계가 참으로 허무했다. 두 사람 허물없던 시간을 생각하면 서로 반목하는 지금 모습이 낯설고 서글프다. 사람과의 관계가 이같이 연약한 고리에 의해 지탱하는 보잘것없는 것이라면, 자신의 처지와 상황 따라 손바닥 뒤집듯 쉽게 변하는 것이라면, 하는 자괴감에 한동안 마음이 혼란스러웠다.

　내가 쓴 글이 다른 사람에게는 좋은 반응을 불러오고 격려 메시지도 많았다. 하지만 그것이 내 의도와는 달리 어느 한 사람을 아프게 했다면 마음 아픈 일이다. 그러면서 사람의 일을 소재로 글 쓰는 일이 정말 두려운 일이라는 것을 알게 되었다. 뜻하지 않은 일을 겪으며 정말 많은 것을 깨달았다. 그로 인해 아픔은 도리어 나에게 새로운 정신을 가다듬게 했다. 그 시간은 고통스러웠지만, 시간이 지난 뒤 되돌아보면 그동안 책 읽으며 명상했던 것보다 훨씬 더 나를 깨치게 했다. 자신을 돌아보고 반성하며 글 쓰는 일에 힘을 실어 주었다. 내 생각과 기억이 다른 사람의 생각과 부딪쳤을 때, 한 번쯤 혹시나, 하는 마음이 들게 했다.

　좋은 일은 꼭 좋은 모습으로 오는 게 아니다. 고통스럽고 어려운 일을 내 것으로 알고 받을 줄 아는 안목이 있다면 세상 어느 것도 좋은 것 아닌 게 없다. 좋은 일은 반드시 좋은 모습으로 올 거라는 생각에서 벗어나면, 사물을 보는 관점이 달라지고 전에 없던 눈이 내 안에 생긴다. 그런 앎의 힘으로 내가 나가야 할 방향을 알아가는 것이다. 직접 부딪치고 짐 져야 하는 물리적인 고통은 차라리 작은 것이다. 그런 고통은 막상 부딪치면 얼마든지 견디기 마련이다. 그러나 나 때문에 고통당하는 사람의 아픔이 나의 아픔이 되어 건너오는 경우는 정말 가슴 아프다. 왜냐하면, 기쁨과 아픔의 경계는 서로 간의 관계이기에 가장 뜨거운 기쁨도, 가장 통절한 아픔도, 사람에게서 나오기 때문이다.

　사람과의 매듭은 풀어야 한다. 가슴에 박힌 옹이며 엉킨 매듭을 풀지 않은 채 살아간다면, 매듭이 또 다른 매듭을 만든다. 그것이 옹이가 된다면, 내가 마음을 열어 상대의 마음을 흐르게 하는 소통의 물길을 막아버리는 것이다. 아무리 늦더라도 화해되지 않은 과거는 벗어던지고 살아야 하지 않을까. 그런 다음, 지난날처럼 그 사람의 좋은 것을 보거나, 뜻밖의 재능을 발견하고 그것을 선뜻 말해줄 수 있는 신사의 모습으로 돌아가야 한다.

골목대장

　옛날 우리가 클 때 동네마다 비슷한 나이 또래 네댓 명이 모이면 거기서 어느 것에든 항상 앞장서는 친구가 있다. 대부분 친구 어려움을 대신해 주거나 학교에서 힘깨나 쓰는 친구다. 말하자면 무리에서 대장인 셈이다. 그 시절에는 한 동네에서도 위아래 구역을 나누어 그곳의 우두머리격인 골목대장이 있었다. 당시에는 골목대장의 말은 누구보다 힘이 세었다. 두세 살 위인 그의 말이라면 아버지 말보다 먼저 들어야 했고, 부당한 일이라도 토를 달거나 대들지 못했다. 매일같이 어울려 지내다 보면 자연히 서열이라는 것이 생겨 형과 아우의 관계가 만들어지는 것이다. 세월 흐른 지금도 그때가 그립고 색 바랜 추억이어도 늘 가슴속에 살아있다. 소년 시절 형들과 골목을 누비고 다니며 온갖 짓을 다 하고 다녔지만, 그래도 만나면 항상 즐거웠고 티 없이 맑던 시절이었다.

　그때처럼 요즘도 어디를 가든 사람이 모여 작은 단체나 조직이 만들어지는 곳이면, 남녀 구별 없이 목소리 크고 사람들 앞에 나서기 좋아하는 사람이 있다. 평소에는 말이 없다가 술이 한잔 들어가거나 분위기가 익으면 그 기운을 빌어 사람이 달라지는 것이다. 대중 앞에서는 아무 말 못 하다 자기와 가까운 몇 사람 앞에서는 평소와는 다르게 배포가 커지고 대범해지는 것이다. 거기에서는 자기가 대장이다. 그 모습이 때로는 값없어 보이고 무게감 떨어져 보이지만, 그것도 사람에 따라 다르다. 그리고 나는 이런 생각이 들었다. 그곳에서 대장 노릇을 잘만 한다면 적은 수일망정 사람들에게 존경받는 진정한 대장이 된다. 그보다 중요한 것은 골목에서 존경받으면, 나중에 세상 넓은 곳으로 나가 어느 단체나 조직의 대장이 되었을 때 변함없이 존경받는다는 사실이다. 젊었을 때와 나이 듦에 따라, 처지나 상황 따라 내 생각과 다를 수도 있다. 하지만, 대부분 대장 노릇을 제대로 하는 사람의 삶의 궤적을 보면 대체로 이 같은 일이 틀리지 않는다.

우리가 무엇보다 두려워해야 할 일은 보잘것없는 일에 익숙해져 거기에 안주해버리는 나약함이다. 세상일의 크고 작음을 떠나 우리 의식이 한낱 골목대장 수준으로 머문다면 우물 안에서만 살다 죽는 개구리처럼 허망하다. 사람들은 골목을 벗어나 더 넓은 세상으로 나가는 것을 꿈꾸지만, 그것이 누구에게나 가능한 일이 아니다. 그러니 생각을 바꿔야 하고 생각을 조금만 바꾼다면 관점 또한 달라지는 것이다. 넓고 좁은 것은 자기가 생각하기 나름이다. 넓고 큰 세상을 무작정 멀리서만 찾을 게 아니라 골목도 크게 보면 넓은 세상이다. 다르다는 처지에서 보면 서울의 대장이나 우리 동네 골목대장은 서로 다르지만, 같다는 처지에서 보면 결국은 서로 같은 것이다.

우리의 골목대장이 꼭 알아야 할 것은, 손자병법에도 적을 알고 나를 알면 백전백승이라 했듯이 인생에서 첫 번째로 해야 할 일은 바로 나 자신을 제대로 알고 나의 정확한 자리를 찾는 것이다. 나를 알면 아무것도 잃을 것이 없다. 세월 따라 처지에 따라 달라지는 내 할 일을 정확히 찾을 수만 있다면 그 인생은 실패하는 법은 없을 것이다. 하지만, 이도 저도 안 되면 어떻게 하겠는가. 말 그대로 그냥 좁다란 골목에서 골목대장으로 그칠 수밖에는. 그러다 나중에는 사람들의 기억속에서도 잊히는 것이다.

어쩌다 한 번씩 배우 송광호가 했다는 그 말이 생각날 때가 있다. "일천만 명을 설득하는 힘과 바로 내 앞에 한 사람을 설득하는 힘은 본질에서 같은 것"이라고. 그것을 이렇게도 말할 수 있을 것이다. 몇 사람에게서라도 대장을 제대로 하는 힘과 수많은 사람의 대장 노릇을 하는 힘의 본질은 같은 것이라고. 어릴 적, 우리 동네 골목대장 옆에서 우리 앞을 지나가는 다른 동네 아이들에게 옆에 있는 대장을 믿고 괜히 으스대며 어깨 힘주던 그때가 정말 그립다.

골목대장 2

 골목대장은 꼭 어릴 때만 있는 게 아니다. 나이 든 지금도 사람 모이는 곳이면 어디든 있다. 요즘은 남보다 목소리만 커도 무리의 대장 흉내를 내고, 남보다 술만 잘 마셔도 대장이 되려고 한다. 소주 몇 병쯤은 끄떡없이 비워내며 술 잘 마시는 것만으로도 자기가 대장이다. 술자리에서는 술 마시는 양으로 남자가 남자 됨을 과시하는 우스운 일도 많다. 호기 있게 술잔을 턱턱 비워내는 것을 보면 나 같은 사람은 기가 질려 그때는 그가 무조건 대장이다. 그런 대장이 나보고 무리에 함께하려면 술을 배우란다. 마음먹고 배우면 술이란 금방 느는 것이라며 부추긴다. 그러면 나는 술을 영 못 마시는 게 아니고, 양이 적을 뿐이지 술맛은 누구보다 잘 안다며 부득부득 우기는 것이다.

 옛날 혼례식이 끝나고 신랑이 신부 집에 가는 재행(再行)때 신부 집 장인 장모는 사위 음식 먹는 모습과 그중에도 술 마시는 모습을 보고 사위 사람됨을 가늠하곤 했다. 특히 술은 사위의 주량을 보는 것이 아니라 사위가 술 마시는 모습과 마신 뒤의 태도를 보며 딸 앞날을 생각했다. 그가 취했다면 심하게 비틀거리는가를 보고 그에 따른 몸가짐과 처신을 지켜보는 것으로 사위와 딸의 앞날을 내다보았다. 그날은 처가 사람들이 사위를 시험하는 자리이기도 했다. 술은 마시는 양에 있는 것이 아니라 마시는 태도와 과정에 있고, 취한 다음 보이는 그 사람 뒷모습이다.

언젠가, 여러 사람 모인 술자리에서 인터넷 카페와 블로그에 관한 이야기를 꺼냈다가 누군가에게 호되게 당한 일이 있다. 대뜸 그가 하는 말이 "나는 그런 것 몰라요, 그런 데는 들어가지도 않고 그런 것 하는 사람 이해가 안 돼요. 그 시간에 술이나 한잔하고 말지 돈도 안 되는 그 딴 것 무엇 때문에 합니까." 나는 그 말에 무안해져 웃고 말았지만, 마땅히 대꾸할 말도 없었다. 그의 말처럼 그런 것 모른다고 못사는 것 아니고 답답할 게 없다. 관심 없는 그의 눈에는 무슨 돈이 나오는 것도 아닌 것을 그냥 컴퓨터 앞에 앉아 손가락으로 장난질하는 것으로 보였을 터이다.

요즘 세상은 유치원생이나 경로당 노인들도 스마트폰은 자유로이 만지고 컴퓨터를 들여다보며 기능을 배운다. 옛날 핸드폰이 없었을 때 여닫는 휴대전화기에 익숙하던 시절, 처음 나온 스마트폰을 신기해하면서도 "전화만 잘되고 문자 주고받을 수 있으면 됐지 저딴 것 무슨 소용 있느냐"며 손사래 치던 사람들도 결국 지금은 모두 최신형 스마트폰을 가지고 틈만 나면 만지며 들여다보고 있다. 이처럼 빠르게 변하는 세상에 맞춰 술 잘 마시는 우리 골목대장도 그딴 것 안 해도 된다는 컴퓨터에 관심 가져보면 안 될까. 술도 잘 마시고 컴퓨터도 잘한다면 내가 그를 얼마나 좋아할까. 그는 컴퓨터 앞에 술잔을 놓고, 나는 커피를 마셔가며 서로 이야기하면 얼마나 좋겠는가.

옛날과 지금은 세상이 변해도 너무 변했다. 며칠 전 나는 미국에서 쏘아 올린 인공위성이 목성 궤도를 도는 것을 보았다. 그것을 보며 인간이 신과 거의 접점(接點)의 경계에 와있을지도 모른다는 생각이 들었다. 다 그렇다는 건 아니지만, 이런 세상에 술집에 앉아 맥주 한 상자를 예사로 비우며 한 번한 소리 또 하고 옛날이야기 끄집어내어 재탕 삼탕 하는 그 시간이 정말 아깝다. 우리와 똑같은 사람이 우주로 날려 보낸 인공위성은 아득히 먼 곳으로 날아가 목성 주변을 돌고 있는데.

개밥에 도토리

어느 정도 나이 들면 사회생활 일선에서 물러나 퇴직을 하거나 다른 생계 활동에서 비켜선 사람이 대부분이다. 그런 사람 가운데는 탱탱하던 고무풍선에 바람 빠지듯 금방 생기를 잃고 뒷방 늙은이처럼 쭈그러드는 사람이 있다. 경제력의 유무에 따라 조금씩 다르겠지만, 그와 상관없이 하던 일을 멈추고 나면 삶에 의미가 시들해지고 매사 의욕이 줄어들어 적극성도 사라진다. 그동안 받아왔던 스트레스마저 없으니 사는 게 적막해져 어떤 사람은 우울증까지 오는 경우가 있다고 한다. 그러고 보면 우리가 늘 손사래 치던 스트레스라는 것도 삶을 긴장시키는 중요한 요소였는지도 모른다.

평생 뼈 빠지게 일하다 은퇴하고 난 다음이면 이루어놓은 것으로 즐겁고 행복해야 할 터인데 오히려 일하던 때보다 불행해지는 이유는 무엇일까. 그것은 은퇴 후 자신에게 찾아올 삶을 잘못 판단했기 때문이다. 사람마다 생각이 다르기도 하겠지만, 행복의 기준도 다르다. 이제 인생 후반을 살아야 하는 사람이면 시간이 흐를수록 너나 할 것 없이 찾아오는 상황은 거의 비슷하고 처지가 같아지는 것이기에 다른 사람 처지를 지켜보며 내 모습을 살펴야 한다. 일에서 물러난 처음엔 일에 놓여난 한가로움을 만끽하지만, 나중에는 매사에 의욕을 잃고 권태에 빠지게 되는데, 그럴 때가 가장 위험하다. 왜냐하면, 권태로움은 수많은 근심의 포로가 되기 때문이다.

생계를 위해 자기가 하던 일에서 벗어날 즈음이면, 앞으로의 삶을 준비하지 않고서는 사람들 관심 밖으로 밀려나게 된다는 것을 깨달아야 한다. 만약 알지 못해 거기에 적응하지 못한다면 요즘 세상에는 사는 게 금방 헝클어진다. 지나간 시간에 붙들려 지금 자신의 처지를 모르고 현명하게 대처하지 못하면 그때부터 가족이나 사람들에게 개밥에 도토리 신세가 되는 것이다. 어느 날 문득 가족이나 사람들에게 존재감 없이 바깥으로 밀려난다는 것을 느낄 때는 이미 때가 늦을지도 모른다. 더 늦기 전에 자기 자리를 찾는 게 시급하다. 우물쭈물하다 바깥으로 밀려나 낭떠러지로 떨어지는 일은 없어야겠다. 회자되는 조지 버나드 쇼의 "우물쭈물하다 내 이럴 줄 알았지"라는 묘비명을 기억해둘 일이다.

어떤 이는 내가 너무 심하게 나쁜 쪽으로만 비교하는 것 아니냐고 할지 모른다. 하지만, 요즘 어떤 자식은 부모라는 존재를 키우다가 싫증난 개나 고양이 버리듯 하는 세상이다. 아마 버려진 부모들도 가족들을 위해 열심히 일할 때는 자기가 기른 자식들에게 버려질 줄은 꿈에도 생각하지 않았을 것이다. 그러나 요즘 세상 어디에서나 나이 들고 가진 것 없이 혼자 외로운 삶을 사는 사람들을 주변에서 수없이 보고 있지 않은가. 그들의 일이 내 일이 되지 말라는 법은 세상 어디에도 없다. 자식에게 버림받은 사람들도 전에는 나와 똑같은 생각을 하고 있었을 테니까. 무시와 무관심은 비난과 공격보다 더 무서운 법이다. 가족이나 다른 사람에게 무관심과 무시당하지 않고 개밥에 도토리가 되지 않아야 한다. 그러기 위해 이제부터 내가 무엇을 해야 하고 하지 않아야 하는지, 거기에 내가 할 수 있는 일과 할 수 없는 일에 대해 자제와 절제를 배워나가야 하지 않겠는가. 그것을 아는 것만이 내가 '개밥에 도토리'가 되지 않을 유일한 길이다.

대부분 사람은 그런 일은 나와 무관하다거나 나에게는 절대 있을 수 없는 남의 일이라고 말하는 것은 '나는 죽지 않는다.'라고 말하는 것처럼 수치스러운 일이다. 앞으로의 삶을 자기 스스로 준비하지 않으면 자신의 앞날도 어떻게 될지 아무도 모른다. 한 가지 명심할 게 있다면, 이 같은 방심은 몸속의 병(病)과 같다는 것을 알아야 한다. 자신도 모르는 사이 암 덩이처럼 내 안에 숨어 있다가 그것이 바깥으로 드러날 때면, 만금을 주고도 고치지 못한다는 사실을 깨닫고 자기 스스로 준비하는 일이다.

살 빼는 사람들

요즘 수없이 듣는 다이어트란 말은 70년대까지만 해도 듣지 못하던 용어다. 요즘 어디를 가든 길가 현수막이나 상가에는 다이어트에 대한 광고가 봇물 터지듯 한다. 옛날 못살던 시절에는 통통하게 살집 있는 처녀를 보면 부잣집 맏며느릿감 같이 생겼다며 추켜세웠고 듣는 당사자도 은근히 좋아했다. 거기에 배 튀어나온 남자들은 부와 인격의 상징이 되었던 시절이 있었다. 그 시절 사람들은 사장님이라면 으레 배가 튀어나온 사람을 떠올리곤 했다. 세상이 바뀐 지금은 그것이 만병의 원인이 되어 배 튀어나온 사람을 보면 제일 먼저 생각되는 게 수많은 성인병을 떠올리게 되고, 걱정스러운 눈으로 보는 게 요즘 세상이다.

사무실로 가는 승용차 안에서 신호를 기다리다 건너 도로에 걸린 현수막에 몇 가지나 되는 다이어트 프로그램을 보았다. 회원 모집 문구와 함께 영어로 된 별의별 방법이 다 있다. 그것을 보며 문득 옛날 생각이 떠올랐다. 먹을 게 부족했던 시절에는 늘 배고파 무엇이든 먹고 싶었고, 그때는 다이어트라는 말이 있는지조차도 몰랐다. 요즘에는 지천으로 널린 음식도 옛날에는 할아버지나 아버지 밥상에 남은 것을 눈치 보며 먹던 시절을 생각난다. 요즘 생기는 여러 가지 병은 먹을 게 너무 넘쳐서 생기는 병이다. 그때는 늘 배가 고파서인지는 몰라도 잘 먹어서 병이 난다는 말은 아예 생각조차 못 했다.

다이어트란 많이 먹어 불어난 살을 뺀다는 말 아닌가. 돈 들여 먹고 돈 들여 뺀다고 생각하면 조금 속상하지만, 그래도 살 빼는 것이 저토록 어렵고 복잡할 게 뭐가 있을까 하는 생각이 들었다. "살찌는 음식 가려서 먹고 적게 먹으면 되는 것을" 정말 간단한 것 아닌가. 옆길로 새는 말 같지만, 어쩌다 한 번쯤이라도 가난한 나라 사람들과 어린이를 생각해보자. 태어나서 배부르게 먹은 기억이 없다는 아이를 생각하고 "저 아기가 배부르다는 것이 무엇인 줄 알까요." 유니세프에서 하는 말에도 귀 기울여야 한다. 나는 TV에서 엄마 품에 안겨 배고파하는 아기와 함께 이 말을 들을 때마다 가슴 아프다. 혹시라도 우리는 너무 자주 배부른 것은 아닌지 한 번쯤 자신을 돌아볼 때다.

못 먹어서 생긴 병은 잘 먹으면 금방 낫지만, 잘 먹어서 생긴 병은 고치기 어렵다던 옛 어른들 말을 건성으로 듣지 않고 마음으로 새겨들어야 한다. 대책 없이 실컷 잘 먹어 생긴 병을 저토록 호들갑 떨며 그것도 돈 들이고 시간 빼앗겨가며 고치려는 것을 보면 안타깝다. 노력해서 다이어트에 성공했다면 나중을 위해 이것 한 가지만 기억하자. 큰일은 적은 데서 생긴다는 것과 쉬운 것을 가볍게 보면 나중이 더 어렵다는 걸 명심해야 한다.

어떤 일이건 한 발 앞에 멈출 수만 있다면 우리가 욕심 때문에 맞닥뜨리는 대부분 화(禍)를 막을 수 있다. 그러니 어떤 다이어트 방법보다 확실한 것은 더 먹고 싶을 때 숟가락을 놓는 것이다. 그것은 쉽지만 어렵고, 어렵지만 쉽다. 여기에 한 가지 덧붙인다면 "세상에 공짜 점심은 없다."는 말이다. 다시 말해 입이 즐겁고 행복하면 반대로 몸은 고통스럽고 즐겁지 않다는 말도 된다. 그러니 우리 몸도 좋은 게 있으면 반드시 나쁜 것도 있는 법이다. 그것이 삶의 균형이다. 그래서 세상일은 공짜가 없다는 말이다.

부부의 힘

부부가 서로 사랑하면 아무리 좁은 침대도 큰 것처럼 사용할 수 있다. 반대로 서로 미워하는 부부는 침대가 아무리 넓어도 좁기만 하다. 누구나 아는 이야기지만, 삶에 진리는 항상 가까운 곳에 있지 먼 곳에 있는 게 아니다. 이처럼 쉬운 이야기 속에 부부간에 모습 전부가 들어있는 것이다. 부부의 힘은 다른 곳에 있지 않고 알고 보면 참으로 가까운 곳, 부부의 일상에 고스란히 들어있다. 꼭 침대뿐만이 아니라 다른 모든 일에 침대의 논리가 적용되는 것이다. 작가 조정래 선생은 "인생이란 두 개의 돌덩이를 서로 바꿔 놓아가며 건너는 징검다리"라고 했듯이 부부의 길은 앞뒤 두 개의 돌덩이를 서로 바꿔 놓아가며 함께 건너는 일이다.

사람은 시련과 역경 속에서 사람의 본바탕이 드러난다. 좌절의 시간에 그저 주저앉고 마는 사람과 그것을 자기발전의 토대로 삼아 어려움을 슬기롭게 헤쳐나가 바라던 것을 얻는 사람이 있다. 좌절을 딛고 일어선 부부의 심정은 마치 부지런히 산을 올라 산마루 넘어 불어오는 시원한 바람을 맞으며 걸어온 길을 돌아보고 성취감에 젖는 것과 같을 것이다. 어차피 고달프지 않은 인생이 없고 힘들지 않은 삶은 없겠지만 중요한 것은, 어떤 일이든 그 일을 받아들이는 마음이다. 아무리 어렵고 힘든 일이 닥쳐도 그것을 극복하려는 삶의 의지가 강한 부부는 그 안에서 헤쳐 나갈 길을 찾아내고 삶의 의지가 약한 부부는 안 될 이유만 찾아낸다. 이 둘의 모습을 비유하자면 참된 승자는 눈길을 헤치며 말을 달리고, 달리는 중에 행복감에 젖어 있지만, 패자는 주위를 맴돌며 쌓인 눈이 녹기만을 기다리는 사람들이다.

　우리들 삶은 살아가는 동안 어떨 때는 하루에도 여러 번 희비喜悲가 엇갈려오는 일도 있다. 아침에는 죽을 것 같다가도 오후에는 풀리고, 그러다 저녁에 또 한 번 실망하며 마음이 나락으로 떨어지는 것이다. 그러다가 늦은 밤 엉켜 있던 것이 다시 제자리로 돌아가며 고된 삶이 내 안에 하나하나 쌓이게 된다. 그런 하루하루가 켜켜이 쌓여 한 사람 인생이 되는 것이다. 세상일 가운데 보기 좋은 일 가운데 하나가 부부가 뜻을 맞춰 어려움을 이겨내는 일이다. 하나에 하나를 보태면 둘이 되지만 함께하는 부부의 힘은 둘이 되는 것이 아니라 백지수표와 같은 것이다.

　얼마 전 잘 알고 지내는 여성 중에 여자에게는 힘든 일을 혼자 힘으로 거뜬히 해내는 것을 보고 저 사람 곁에 누가 함께하는가에 따라 사람이 저리 달라질 수도 있구나 싶어 감동을 주었다. 여성의 남편은 매사에 긍정적이고 삶의 모습에 활력이 넘친다. 수많은 어려움을 극복하고 오뚝이처럼 일어나 자신의 삶을 성취한 사람이다. 그런 남편을 곁에 두었으니 부인의 삶도 남편을 닮을 수밖에. 실패와 마주했을 때 어떻게 대응하는가에 따라 그 사람을 검증할 수 있다. 좌절을 딛고 일어나 실패를 거울삼아 더욱 노력해서 재도전하는 사람이 있고, 그대로 주저앉아 포기하는 사람도 있다. 이기는 사람에게는 좌절의 경험은 인생의 지신이 되지만, 의지가 약한 사람은 그것이 곧 재앙이 되는 것이다.

　그 여성은 매사가 조용하고 순박한 사람이지만 어려운 일이 닥쳤을 때, 어쩌면 저리도 침착하고 용기 있는 모습일까 싶어 감탄하게 된 것이다. 매사에 감사할 줄 아는 부부는 삶이 그들에게 주는 모든 것을 이해하고 받아들일 줄 아는 사람들이다. 그것을 자신들을 세우는데 필요한 원동력으로 만들어 그들이 원하던 것을 성취할 수 있다. 이제는 지인도 남자를 부끄럽게 만드는 여자가 되었다. 만약 저 두 사람이 함께 힘을 모은다면 태산도 무너뜨릴 것이다. 그래서 마음 맞춰 오래 산 부부는 서로 닮는다고 했던가. 그렇지 않은가? 언젠가 아내와 내가 TV를 보면서도 서로 닮은 부부를 보고는 마음 맞는 부부가 오래 살다 보면 서로 닮게 되어 있다고 한 말이 생각난다.

머리띠 두른 사람들

TV를 보다 뉴스 시간에 분쟁 중인 노동조합원이 회사 측 사람들을 상대로 대화하는 장면을 보았다. 그런데 노동자 모두는 머리에 붉은 띠를 두르고 협상 테이블에 앉았다. 나는 그것을 볼 때마다 왜 노동자로 자처하는 사람들은 머리에 붉은 띠를 두르고 있을까 하는 생각이 들었다. 띠에는 하나같이 구호가 적혀 있다. 필승, 투쟁, 단결, 무척 도전적이라는 느낌이다. 회사를 상대할 때면 노조원들은 수염 기른 얼굴에(오랜 농성 때문이라 이해하지만) 붉은 머리띠를 둘러야 할까. 색깔도 붉은 핏빛으로 마치 전쟁터에 나가기 전 결기에 찬 모습을 보는 것 같아 비장함마저 느껴진다. 갑의 처지인 사용자들이 머리띠 두른 건 한 번도 못 보았지만, 을을 자처하는 사람들의 머리에는 어김없이 띠가 둘려있다.

노동자의 그런 모습은 보는 사람이 사뭇 긴장도 되고 마치 링 위에 선 두 사람이 서로 노려보며 기 싸움하듯 상대를 처음부터 제압하겠다는 의도도 있을 것이다. 노사 간 협상 전이라면 단체의 통일된 힘을 과시하는 것도 될 것이고, 노동자 서로의 결속력을 보인다는 의미도 있을 것이다. 그러나 복면하거나 마스크로 얼굴을 가린 건 젊은 날 예비군복을 입었을 때와 같다. 자기의 신분과 얼굴이 가려져 모두 같은 처지라는 사이버공간의 익명성과 흡사하기 때문일 것이다. 익명이 주는 안정감과 자신감은 사람을 편안하게 하고 평소에 없던 용기를 준다. 그 탈의 힘을 빌려 민얼굴로는 하지 못할 일도 아무 일 아닌 것처럼 하고는 제자리로 돌아가는 것이다.

그런데 안타까운 것은 머리에 띠 두른 것이나 얼굴을 가린 모습이 결속력 있고 강하게 보이는 것이 아니라 자기 스스로 약자임을 자인하는 것 같아 아쉽다. 간혹 띠 두르지 않은 차림으로 사용자와 맞대면하는 노동자를 보면, 매우 자신감 있는 모습일 뿐만 아니라 신념 있어 보이고 당당한 모습이어서 속으로 손뼉 치며 응원한다. 자기 자신을 제대로 아는 것이 모든 행동의 기초다. 그러나 자기가 자기를 보는 것은 엄정한 객관의 눈으로 보기 어렵다. 다른 사람의 눈으로 볼 때 자기 자신을 더 정확하게 알 수 있는 것처럼, 머리띠 두른 모습을 사용자의 시선으로 볼 수 있어야 한다. 그러면 지금의 내가 그들에게 어떤 모습으로 비칠지 알게 될 것이다.

이제 더는 노동자와 사용자의 모습을 머리띠로 구분 짓는 것은 보고 싶지 않다. 노동자가 자신의 권위를 찾는 것은 절대로 남이 찾아주지 않는다. 스스로 찾아 지녀야 한다. 상생은 논리로 보자면 애초에 갑과 을은 없는 것인데, 혹시라도 스스로 을의 처지를 자초한 것은 아닌지 되돌아봐야 할 때다. 내가 말하고 싶은 건 이런 일에 꼭 머리에 붉은 띠를 두른다고 자기의 의지가 보이는 것은 아닐 것이다. 머리에 띠를 둘러 자신들의 굳센 의지를 상대가 느낀다면 그렇게라도 해야겠지만, 내가 먼저 머리에 띠를 두르는 순간 스스로 약자임을 인정하는 것이 되지 않을까 싶어 마음 쓰인다. 사용자는 벌써 자신과 경쟁상대가 아님을 알고 상대를 자기 발아래 두려고 생각하게 되지 않을까 그것이 두렵다.

야간에 하는 일과 주간에 하는 일

　우리는 손이나 발바닥에 소용없는 굳은살을 벗겨내는 것처럼 머릿속 생각의 굳은살도 벗겨내야 한다. 얼마 전 일하는 시간 때문에 조금은 엉뚱한 오해를 받은 일이 있다. 낮을 두고 굳이 밤을 택해 일하는 것을 보고 안쓰럽게 보였는지 조금 안됐다는 표정으로 나를 바라보는 것 같았다. 누구에게나 똑같이 맡겨진 일을 자기가 처한 형편 따라 낮에 할 수도 있고 아니면 밤에 할 수도 있는데 사람마다 생각이 달랐다. 주간과 야간을 구별하며 밤에 하는 사람을 다르게 평가하는 것이다. 말하자면 남들은 휴식을 취하며 잠잘 시간에 일한다는 것을 자기 기준으로 판단하는 것이다. 아마도 지지리도 못살던 옛날 정서에 빠진 것 같았다. 아무 때고 좋다면, 본인의 처지에 따라 결정하는 것인데도 낮보다 밤에 하는 것이 궁색하게 보이는 모양이다.

　우리가 맞닥뜨리는 일에도 이 같은 일이 수없이 많다. 내 눈에 보이는 것을 내 잣대로만 보지 않고 있는 그대로를 볼 수 있다고 생각하는 힘은 어디서 나오는 것일까. 그것은 나라는 중심에서 벗어나 다른 사물을 객관의 눈으로 바라보는 열린 마음에서부터다. 남이 나를 알아주지 않는 것에 애태우지 말고 내가 남을 알지 못하는 것을 근심할 일이다. 우리가 존경하고 좋아하는 사람은 자기를 상대에게 맞추려고 하는 사람이지만, 자기중심적인 사람은 상대를 자기에게 맞추려고 하는 사람이다. 다른 사람이 낮이 아닌 밤에 일한다고 해도 어떤 분별이나 차별 없이 나와 처지가 다른 것을 인정하고 존중해주는 것, 그것이 열린 마음이다.

예전에 같은 학교에 다니더라도 주간 야간을 가려 학생의 학업 수준을 가늠하던 시절이 있었다. 지금도 그렇다. 전문대와 정규대학을 구분해 당사자의 지식수준을 가늠하는 일, 지방과 서울을 구분하는 일 같은 것, 우물 안 개구리의 만족 같은 안일한 사고와 외눈박이 눈으로 세상을 보지 않아야 한다. 이제 그 같은 묵은 생각에서 벗어나야 한다. 그 기운은 탁하고 조잡해서 어김없이 상대에게 해를 입힌다. 상대의 다름을 내 안으로 받아들이고 자기중심, 자기 눈높이를 벗어날 때, 새로운 기회가 보일 것이다.

똑같은 길이를 두고도 자기가 만든 자로 길이를 재면 이 정도 길이가 나오지만, 다른 사람이 만든 자로 길이를 재면 저 정도의 길이가 나온다. 그러니 내 것과 남의 것은 기준이 되는 잣대가 서로 다르다. 일의 본질은 변하지 않았는데 받아들이기에 따라 행복과 불행의 크기가 달라지는 것도 마찬가지다. 예컨대 나의 불행이 다른 사람의 기쁨이 될 수도 있고 남의 불행이 나에게는 기쁨이 될 수 있듯이. 우리가 꼭 명심해야 할 것은 어떠한 일에도 자기 기준으로 남을 평가해서는 안 된다는 것이다. 그리고 나의 편함이 누군가의 불편함을 담보로 얻어진 것이라면 그것은 진정한 편함이 아니다.

사람은 누구나 자기 기준으로 사물을 판단하고, 때마다 달라지는 마음 상태에 따라 세상을 판단하기 마련이지만, 대부분 객관적이지 못하다. 자기중심으로 생각하는 습관의 얽매임에서 좀처럼 벗어나지 못한다. 그리고 행복을 느끼는 기준도 저마다 다르고, 똑같은 일도 받아들이기에 따라 행복과 불행으로 나뉘는 것이다. 아무리 많은 것을 가지고도 행복을 못 느끼는 사람이 너무도 많은 세상이다. 하지만 아무리 세월이 달라져도 변할 수 없는 것이 있다. 비록 가진 것 없어도 배우자의 사랑과 친구의 우정에 행복해하고, 오늘 하루도 무사한 것과 자신이 할 일이 있다는 것, 아픈 곳 없어 건강한 것만으로도 행복을 느끼는 사람은 참으로 행복한 사람이다. 인간은 무엇보다 자기 존재 이유를 생각하는 동물이며 자기 삶의 가치와 목적을 확보하고자 하는 동물이다. 이것이 인간을 인간이게 하는 가장 중요한 기본조건이다.

화해와 용서를 구분 못하는 사람

　화해란 좋지 않던 사이를 서로 이해하여 푸는 것을 말하고, 용서는 지은 죄나 잘못에 대해 벌 주지 않고 너그럽게 처리하는 것을 말한다. 그런데 사람 중에는 화해와 용서를 구별하지 못하는 사람이 있다. 우리는 흔히 자기 욕심만 차리는 사람을 두고 아전인수(我田引水)라는 말을 하는데, 자기 논에만 물을 끌어들인다는 뜻으로 자기 이익을 먼저 생각하고 행동한다는 말이다. 그런 생각을 하는 사람 대부분은 무엇이든 자기 쪽에 유리한 판단을 하려고 든다. 비유하자면 자기중심으로 자기가 만든 잣대로 남을 재는 것과 같은 일이다. 그 잣대에 용서나 화해의 기준이 되는 눈금을 만들어놓고 상대가 그것에 맞아야 한다. 자기 잣대에 맞으면 좋은 사람이고, 맞지 않으면 나쁜 사람이 되는 것이다.

　이런 부류의 사람 중 어떤 사람은 화해하러 가서 서로 만나 악수하며 그동안 쌓인 앙금을 풀었는데 나중에 다른 사람에게는 상대가 빌려고 왔더라고 이야기한다. 아전인수도 이만하면 도를 넘어 오만의 극치를 보여주는 것이고, 화해를 청한 상대에게 죄짓는 일이다. 그런 사람과는 더 말할 가치조차 없다. 어느 조직이든 그곳의 지도자가 되는 사람이라면 우리가 많은 것을 바랄 수는 없겠지만, 그가 갖추어야 할 최소한의 기본적 인품은 몸에 배어있어야 한다. 여러 사람을 대표하는 지도자가 가져야 할 첫 번째가 관용이다. 관용은 권력을 가진 사람이 약자에게 베푸는 자비, 용서, 관대함과는 다르다. 관용이란 다른 사람의 생각에 대한 인정과 존중이다.

사람들은 이것을 바탕으로 지도자의 사람됨을 평가하는 것이다. 만약 이런 기본이 전혀 없거나 안 되는 사람이라면 그가 무슨 일을 한다고 해도 인정받을 수 없다. 관용의 의미를 아는 지도자는 상대가 먼저 손 내밀어 청한 화해를 용서받기 위해 비는 것이라 착각하지 않는 사람이다. 그리고 그런 일에 위선 떨며 남에게 자기 말을 덧붙여 다른 사람에게 떠벌리지 않는다. 자기 공을 자랑하며 뽐내고 싶은 사람, 과거의 영광에 매달려 걸핏하면 가장 빛나던 시절의 추억담을 늘어놓는 사람, 우리 주변에도 많을 것이다. 만약 끊임없이 자랑하는 사람이 있다면 그것은 열등감을 느끼는 것에 불과하다. 아마 이런 것을 두고 사람들은 그들을 우월 콤플렉스를 가진 사람이라고 말하지 않았을까 싶다.

저 사람이 나와 다른 생각을 하고 있다 할지라도 그 생각을 존중해주는 것, 그리고 그 생각을 표현할 수 있도록 그 권리를 인정해주는 것, 이것 하나만 갖추어도 설령 자신은 되고 싶지 않아도 저절로 훌륭한 지도자가 된다. 한 사람의 현재 모습은 과거의 일에 의해 결정되는 것이 아니라, 그 일에 어떤 의미를 부여하는가에 따라 자신의 지금 모습을 결정하는 것이다. 화해하러 온 것을 빌려고 왔다고 하면 그만큼 자기 위상이 높아지는 것일까. 또 용서했다고 하면 남에게 강자 된 사람의 너그러움으로 비칠까. 명색이 어느 단체나 조직의 지도자인 사람이 손바닥 뒤집듯 서로의 처지를 바꾸는 그런 오만과 아전인수 같은 마음은 참, 알다가도 모를 일이다.

사실을 왜곡한 험담은 상대를 헐뜯는 것이 아니라, 사실은 자신을 스스로 헐뜯는 것이다. 험담의 배경에는 자신의 열등감 때문인 경우가 대부분이다. 이처럼, 우리가 맞닥뜨리는 어려움 중에는 겸손할 줄 몰라 화(禍)를 입는 경우가 부지기수다. 이것 하나만큼은 꼭 기억해야 한다. 사람은 자기를 낮춘 만큼 높아진다는 것을. 남에게 이야기할 때는 상대방과 자기 사이에 있었던 일을 사실대로 말해야 한다는 것도 명심해야 한다. 그러면 화해와 용서의 진정한 의미가 어떤 것인지를 제대로 알고 착각하는 일은 없을 것이다.

익어가는 사람

　사람은 자신을 알아주는 사람 앞에서 비로소 존재한다고 했다. 그런 상대와 만남이 그만큼 소중하다는 뜻이기도 하다. 외롭다는 것은 내 곁에 사람이 없어서가 아니라 만남이 없기 때문이다. 만남이 없는 모든 장소가 사막이고 사람이 우글거리는 도시에도 곳곳에 사막은 있다. 진정한 만남이란 진심으로 충고하는 벗일 수도 있고 스승, 아니면 주변 가깝게 지내는 사람일 수도 있다. 그런 만남을 위해선 반드시 넘어야 할 언덕이 있는데 그 첫 번째가 먼저 자신을 낮추는 일이다. 자기를 낮추는 겸손은 가을 들판에 고개 숙인 벼처럼 사람이 익었다는 증거다. 많은 사람의 불행은 자기 자신을 실제보다도 높게 평가하는 데서 생긴다. 자기 자신을 높게 평가할 때는 착오일 경우가 많지만, 낮게 평가할 때는 좀처럼 틀리지 않는다.

　소학(小學)에 "선비에게 직언하는 친구가 있으면 그 선비에게 아름다운 명성이 떠나지 않으며 아버지에게 직언하는 자식이 있으면 그 아버지는 의롭지 못한 일에 빠지지 않는다."라고 했다. 이 말은 사람의 소중함과 사람과의 관계에 대해 성인의 가르침이어서 마음에는 담아두고 있지만, 막상 나에게 바른말 하는 친구를 만나면 살갑게 대하지 못하는 것이다. 자신의 잘못을 지적하거나 주변 사람의 직언을 귀담아듣는 일은 생각보다 어려운 일이다. 그래도 항상 마음에 두고 있어야 하는 것은 그래야만 그들을 의식해서라도 자기가 하는 일에 자제력이 길러진다. 그리고 친구를 험담하는 일에는 절대 가담하지 않아야 한다. 자신도 모르는 사이에 내가 가해자가 될 수도 있음이다. 말할 필요가 없을 때 입을 열지 않는 사람은 인생의 가장 중요한 의미를 아는 사람이다.

　내가 왜 책 속에 오래 묵은 이야기를 하는가 하면, 역사의 체로 걸러진 고전 속에는 우리가 케케묵은 소리라고 흘려듣는 말에 사람들이 지켜야 할 황금률이 숨어있기 때문이다. 이런 말을 귀담아듣고 그렇게만 할 수 있다면 새로운 어떤 것도 필요 없을 것이다. 이 같은 말을 흘려듣고 또 다른 것을 생각하는 것은 젓가락보다 더 나은 젓가락을 찾는 것과 같다. 성인에게서 나온 말도 그보다 더 나은 진리는 없다는 것은 성인의 말을 우리 주변에 일어나는 일에 대입해보면 된다. 마치 퍼즐을 끼워 그림 하나가 완성되듯 어김없이 우리 삶에 맞물리는 것을 알게 될 것이다. 그 이유는 사람의 본질은 예나 지금이나 전혀 변하지 않았기 때문이다.

　노랫말처럼 사람은 나이 드는 것이 아니라 익어가는 것이다. 세월 따라 무작정 나이만 드는 것과 익어간다는 것은 갓 담은 술과 묵은 술의 차이 만큼이다. 우리가 나이만 들 것이 아니라 익어가려면 장석주 시인의 "대추 한 알"이란 시 구절처럼 우리 안에도 사계절 햇빛과 바람, 천둥과 번개, 소나기와 서리를 만나는 인생역정을 거쳐야 한다. 인생에는 좋은 일보다 여기저기 흠집 나고 결함 있는 일들이 더 많이 생긴다. 하지만, 때로는 흠집 나고 못생긴 과일이 겉모양이 예쁜 과일보다 맛이 좋은 것처럼 어려운 일들이 우리에게 더 큰 기쁨과 행복을 가져다주는 것이다. 사람의 궤적은 안에서 밖으로, 밖에서 안으로 반복한다. 나무가 자라듯이 밖으로 성장하는 고통이 있고, 나이테처럼 안으로 응축되는 고통이 있다. 고통을 수반하지 않는 성장은 없다.

　그 고통과 시련이 내 안에 차곡차곡 쌓이고 시간이 흐르며 비로소 붉은 대추처럼 익어가는 것이다. 그러나 진정한 만남과 소통이 없다면 숲에 바람 불지 않는 것처럼 자신을 익힐 매개(媒介)를 잃는 일이다. 자기 자신을 외롭게 해서는 제대로 익지 못한다. 그렇다고 무작정 외로움에서 도망치려고만 한다면 내가 누릴 수 있는 고독의 기회를 놓쳐 버린다. 그렇게 놓친 것은 남과의 진정한 소통을 위해 꼭 필요한 조건이다. 내 안에 존재하는 또 다른 나는 서로를 지지하며 균형을 잡고 있는 것이기에 때로는 지금의 내가 아닌 이전의 눈으로 나를 바라볼 줄도 알아야 한다. 익어가지 못하고 일찍 떨어져 땅바닥에 나뒹구는 대추라면 아무도 쳐다보지 않는다. 설익어 맛없는 술 같은 사람은 대추보다 몇 배 더 그럴지도 모른다.

아름다운 사람

　세상에서 가장 아름다운 모습은 사람이 정성을 다해 그늘지고 소외된 곳에서 핍박받는 사람과 사람에게 내팽개쳐진 다른 생명을 사랑하는 것이다. 백석은 그의 시(詩)에 "하늘이 세상을 만들 적에 그가 귀해 하고 사랑하는 것들은 모두 가난하고 외롭고 쓸쓸하게 만들었지만 언제나 넘치는 사랑과 슬픔 속에 살도록 만들었다."라는 구절이 있다. 요즘 어디를 가나 길고양이들이 많다. 먹이가 있는 곳이면 떼 지어 다니기도 하고 주택가 쪽은 사람들과 함께 산다. 그런 것들이 사람에게 버려지는 것이 마음 아프다. 한때는 집에서 귀여움 받으며 살다 어느 날 버려지면 길고양이가 된다. 사람에게 길든 것들은 버려지는 순간 오갈 데 없는 처지가 되어 길거리를 배회하는 것이다.

　아파트 화단에 길고양이 집을 짓다 어린 초등학생이 던진 벽돌에 머리를 맞고 죽은 할머니 이야기를 TV에서 보았다. 그것이 실수든 고의든 그것을 따지고 든다면 마음만 더 아프고 더는 벽돌이 떨어진 이유를 알고 싶지 않다. 할머니가 고양이 집을 짓고 먹이를 주는 것은 세상을 사랑하기 때문이고 이것은 사람 마음속에 있는 가장 깊은 비밀이다. 할머니에게 생명을 사랑하는 마음이 없다면 어떻게 그 일을 하겠는가. 다른 생명을 사랑하는 것은 사람을 사랑하는 것이고 그 사랑은 결국 자신을 사랑하는 일이다. 그것을 아는 것이 우리 모두에게 지상과제이고 그래야만 인간스스로 만물의 영장이라 이름 지어도 그리 부끄럽지 않을 것이다.

요즘 사람 사는 곳에서 밤마다 앙칼지게 울어대는 고양이 소리가 견디기 어려울 때도 있을 것이다. 나 역시 그 소리가 귀에 거슬려 몽땅 어디로 사라졌으면 하고 생각할 때가 많다. 하지만 지금 세상은 온갖 소리로 소란스럽다. 그런 소음이 듣기 싫어도 혼자 깊은 산 속으로 들어가지 않은 다음에야 지금 사는 곳에서는 피할 방법이 없다. 다른 것은 그렇다 치고 고양이만 하더라도 그놈들과 맞서 싸울 수도 없고, 그렇다고 난폭하게 딴 곳으로 내모는 것도 올바른 방법은 아니다. 아무런 수단도 찾지 못한 채 놈들의 울음소리로 밤마다 시달릴 때는 책도 읽을 수 없고 잠자기도 힘들 때는 화가 치밀어 오른다. 그러면 일어나 책상 앞으로 가는 일이 한두 번 아니다. 이런 내 꼴을 빤히 아는 것처럼, 길고양이들은 이러지도 저러지도 못하는 나를 갈수록 힘들게 한다.

한동안 그런 시간이 지나고 난 지금은 고양이 울음소리와 아무런 상관없다면 사람들이 믿어줄까? 내가 찾은 방법은 딱 한 가지, 고양이 울음소리가 소음으로 들리지 않게 하는 것은 그것을 받아들이면 된다. 여름철 매미 울음소리가 시끄럽다고 그것들을 없애는 방법이 없다. 매미 소리는 본래 그런가 보다 하며 그냥 체념하고 받아들이니까 이제는 소음으로 들리지 않는다. 때로는 듣기 좋은 음악처럼 느껴질 때도 있다. 반대로 저 소리는 너무 듣기 싫다는 마음이 앞서면 그때부터는 소음으로 들려 견디기 어렵다. 그리고는 온갖 나쁜 생각을 하는 것이다. 고양이 울음소리를 듣기 싫은 소음으로 생각하든, 사랑스러운 반려동물의 칭얼거림으로 생각하든, 그것은 종교의 가르침처럼 모두가 내 마음이다,

옛날 스님의 말처럼 더위와 추위를 피하는 방법을 묻는 어리석은 제자에게 그것을 피하는 법을 일러주며 추우면 나를 더 춥게 하고 더우면 더 덥게 하는 것이 그것을 피하는 방법이라고 일러주었다. 마찬가지로 이 말을 추위와 더위가 아닌 세상 소음과 고양이 울음소리로 바꾸어 생각해도 틀리지 않는다. 세상일에는 내가 할 수 있는 일이 있고 할 수 없는

일도 있다. 할 수 없는 일을 받아들임과 하고 싶은 일에 대한 절제는 내 삶의 질을 바꾼다. 그리고 그것은 평생 풀어야 할 내 인생의 숙제다.

서양과 동양 사람들

　나는 요즘 들어 동서양의 철학사상에 관한 책을 읽는 것이 어렵긴 하지만 힘든 만큼 얻는 게 있다. 읽으며 내 나름대로 생각할 부분이 많아 때로는 시간 가는 줄도 모른다. 오래전에는 서양문명을 아는 것이 먼저일 것 같아 서양철학과 문명에 관한 책을 읽었다. 그러다 동양철학을 접하고는 내가 동양인이라 그런지 몰라도 그만 책 속에 빠져들고 말았다. 그렇게 동서양을 오가며 사유(思惟)한 시간이 제법 흘렀다. 그러던 어느 날 이어령 교수가 쓴 책 속에 글을 보고 재미있는 이야기가 눈에 쏙 들어왔다. 어쩌면 아직은 설익고 짧은 생각일지 모르지만, 꼭 인문학을 공부하는 사람이 아니어도 양쪽을 어렵게 생각할 것 없이 이것에 대한 이해 하나만으로도 입구로 들어가는 현관문 앞에는 설 수 있다는 생각이 들었다. 서양과 동양의 이야기 가운데 한 아이를 두고 두 어머니가 서로 자기 아들이라고 다툼에 대한 재판에 관한 이야기다. 유명한 솔로몬의 재판이라는 누구나 아는 이야기와 그것과 대비되는 동양의 이야기다.

　책에 있는 글을 그대로 옮기면 이렇다. "한 아이를 두고 두 어머니가 자기 자식이라고 주장한 송사죠. 그때 솔로몬은 아이를 반씩 가져가라고 판결을 했습니다. 중국 송(宋)나라 때 계만영(桂萬榮)이란 사람이 만든 당음비사(堂陰比事)라는 재판 기록집이 있습니다. 이 책에 보면 솔로몬의 판례와 똑같은 일화가 나옵니다. 한 아이를 두고 두 어머니가 자기 자식이라고 주장한 송사죠. 그런데 동양에서는 절대로 아이를 둘로 가른다는 식의 사고를 하지 않습니다. 관념적으로 사고하는 것이 아니라 생명을 중시하고 현실에 바탕을 둔 발상을 하니까요. 그래서 이 일화에서 판관은 두 여자로 하여금 아이의 양쪽에서 팔을 잡고 당겨서 힘센 사람이 데려가게 합니다. 몸을 두 동강 내는 게 아닙니다. 그런데 가짜 어머니가 무지막지하게 막 잡아당기니까 아이가 아파서 울지요. 그 모습을 보고 진짜 어머니는 너무 애처로워서 손을 놓아요. 그러자, 판관은 '바로 이 사람이 어머니다!' 하고 판결합니다."

여기서 우리는 전혀 다른 두 가지 태도를 보게 된다. 한쪽에는 도끼를 가져다가 아이를 반으로 자르겠다는 재판이 있고, 다른 한쪽에는 아이를 잡아당기면 아플까 봐 엄마가 손을 놓아서 판결이 나는 재판이 있다. 똑같은 이야기인데도 이렇게 서로 다르다. 서양의 사고(思考)는 개인의 존재에 대한 사고지만, 동양의 사고는 서로 간의 관계에 관한 사고다. 같은 일을 두고 서양과 동양의 사고방식은 물건이 아닌 인간을 두고 내리는 판단에는 보기에 따라 이기주의와 이타주의로 갈라지는 것이다. 하지만 인간본질에 대한 생각은 동서양이 서로 같다. 그것은 어떤 것에 대해 좋고 나쁨의 구분을 떠나, 인간의 역사는 자기 인식을 목적으로 하기 때문이다.

이것이 지어낸 것이라 할지라도 사람이 만들어낸 이야기 속에는 사람이 적용할 수 있는 현실이 있고 또 공감하며 실천할 수 있는 교훈이 담겨있다. 역사는 다시 쓰는 현대사라고 하는 말대로 서양과 동양이 합쳐진 세계화는 필요한 변화지만, 변화는 현명하게 추구될 때에만 유용한 것이다. 서양적인 것에는 우리가 버릴 것과 유지할 것이 있고 동양적인 것에도 우리가 기억하고 보존할 것과 잊어버려야 할 것이 있다. 현명한 변화는 기억과 망각의 변증법적 사유를 요구하는 것이다.

우리에게 가장 중요한 변화는 우리 자신을 아는 일이다. 그것은 인간으로서 보편적인 본질을 아는 것이고 이 이야기를 통해 인간 속에 들어 있는 역사를 알아보는 것이다. 그를 통해 인간이 무엇인지 어떻게 살아야 하는지를 생각해야 한다. 이 같은 사색의 바탕이 없으면 물에 떠다니는 부평초 같거나 뿌리 없는 나무처럼 작은 바람에도 쓰러지고 만다. 깊은 사유의 힘은 자신의 마음 안에 쌓여 평소 우리가 깨닫지 못하는 다양한 방법으로 머물며 우리를 지배하는 것이다.

 이것 아니면 저것이라는 생각, 이에는 이 눈에는 눈이라는 서양적 사고와 이것과 저것, 눈과 이가 다르지 않고 결국 하나라는 동양적 사고의 차이는 우리가 쉽게 판단할 수 없는 서로 다른 문화에서 살아온 인간존재의 본질이다. 그런 바탕은 환경과, 문화 종교의 차이라고 조심스럽게 생각할 뿐이다. 서양 사상의 원천은 사유지만, 동양사상의 원천은 서로 간의 관계에 의한 구체적 세계의 경험이다. 어찌 되었든 관계론 적 동양의 문화권에서 태어나 산다는 것이 축복과 같다는 생각이 든다. 그런 까닭은 설령 내가 재판 과정의 어린아이가 되더라도 서양처럼 반으로 갈라지지 않고 아프겠지만, 팔만 잡아당겨질 테니까.

한국 사람들

　우리나라 사람들은 세계 어느 나라 사람보다 이웃과 관계를 맺으며 서로 어울리는 것을 좋아한다. 땅덩어리가 좁아 다닥다닥 붙어사는 탓도 있겠지만 어쩌면 타고난 국민성인지도 모른다. 예전에도 아버지 친구들이나 동네 어른이 모여 노는 모습을 자주 보고 자랐다. 요즘도 내가 사는 주변 어디를 가도 사람이 모이는 곳이면 서로 밥 먹는 것은 기본이고 거기에서 자연스럽게 술자리가 만들어진다. 처음에는 조용한 분위기에서 예의를 갖춰 대화가 오간다. 그러다 술이 한잔 들어가고 분위기가 무르익을 때쯤이면 형님, 동생 언니가 되어 그때부터는 목소리도 커지고 소란스러워지는 것이다. 그럴 때 나는 그들과 함께하는 것이 여간 불편한 게 아니다. 어떤 경우에는 내 정서에 영 안 맞는다 싶으면 핑계를 대며 자리를 피하는 일도 많다. 혹시라도 사람들에게 불편한 내색을 해서 분위기를 깰까 봐 걱정되는 것이다. 그 때문에 어서 빨리 자리를 벗어나고 싶어 조바심이 난다. 마음이 불편하면 그 표정을 감추지 못하는 내 성격을 알기에 더 그렇다.

　그런 상황을 견디지 못해 스스로 울타리를 만들어 다른 사람에게 오해 산일도 있고 더 힘들어진 경우도 있다. 아무리 노력해도 잠깐이면 몰라도 오랜 시간을 버티기는 어렵다. 어떨 때는 같이 어울려 형님 동생 해가며 같이 떠들기도 하고 동참하려 노력해보지만 그리 오래가지 못한다. 무엇이든 억지로 하는 것은 행동보다 그 의식이 더 드러나는 법이라 다른 이가 보기에도 내 모습이 어색하고 자연스럽지가 못할 것이다.

사회생활을 하며 수시로 맞닥뜨리는 이런 상황이 오면 나는 말없이 구석진 자리에 앉아 듣는 척 고개를 끄덕이기도 한다. 하지만, 머릿속으로는 책이나 드라마에서 본 다른 나라 사람들의 품위 있는 모습이 떠올려지는 것이다. 옛 선비들의 손님을 맞이하며 대화하는 정경이 그려지고 때로는 멋스러운 그 모습이 부럽다는 생각도 드는 것이다.

내가 다른 나라 사람을 무작정 부러워하고 그들이 우리보다 우월하다는 생각은 전혀 아니다. 하지만 희로애락의 표현에서만큼은 그들에게 본받을 것이 분명히 있다. 희로애락이 두루 있는 인생, 그것이 솔직하게 묻어나는 게 인간의 모습인 줄 알지만, 나는 그럴 때마다 백석의 글이 생각난다. "조선인은 고요히 생각할 줄 모르고 생각하기 싫어한다. 가슴에 무거운 긴장이나 흥분이 없는 것이다. 무엇인가 분노할 줄 모르고 적막을 느끼지 못하고 무엇인가 비애를 가슴에 지닐 줄 모르는 것이다. 그것은 무감(無感)하여 나날이 지껄이고 시시덕거리고 언제나 어디서나 실없는 웃음을 웃고 떠드는 것이다." 백석의 조선인과 요설(饒舌)이라는 글의 한 부분을 간추려본 것인데 시인의 눈에 비친 한국인의 부끄러운 모습이다.

요즘 들어 오래전에 쓴 백석의 이 글이 왜 자꾸만 생각나는 것일까. 어떤 곳에서든 여럿이 모였다 하면 밑도 끝도 없는 말을 목청 높여 떠들어대는 사람을 보고 있으면 어떤 때는 화가 치민다. 그 당시 백석이 바라본 모습이나 지금 내가 보는 모습이 조금도 다르지 않다는 생각이 드는 것이다. 반가운 사람을 오랜만에 만나 얼싸안고 잠시 떠들며 소란스러운 것이야 정겨움의 표현으로 당연하겠지만, 그 시간을 조금만 벗어나 술잔이 돌아가면, 백석의 말처럼 실없이 웃고 떠드는 모습이 이제는 보기 싫다.

이처럼 좁은 땅에 오글오글 모여 몇 천 년을 살다 보면 모두가 가족이 되고 어디를 가나 일가친척이다. 성이 달라도 뿌리를 거슬러 올라가면 얼마 못가서 촘촘한 그물처럼 모든 코가 연결되어 서로가 가족임을 알게 된다. 한걸음 가면 모두가 아는 사람이요 오빠 동생, 형님 아저씨다. 그래서 예부터 우리를 한민족 배달의 민족이라 하는 것 아닌가. 서로 모였다 하면 성씨를 찾고 고향을 찾는다. 그러다 같은 성 같은 고향 사람을 만나면 반가운 탓에 더 시끄러운지도 모른다. 땅덩어리가 우리보다 수십 배 큰 나라 사람들은 워낙 땅이 넓어 아는 사람을 만나기가 쉽지 않다. 하지만 콩나물시루 같은 좁은 땅에 사는 우리는 전부가 같은 콩으로 자란 식구여서 일가친척이 따로 없다. 그런 점에서는 땅덩이 큰 나라 사람들과는 다를 것이다.

이제 시대가 바뀌고 한국사람 교육수준은 세계가 알아주는 수준이 되었다. 많은 분야에서 세계를 지배하는 시대가 온 것이다. 이쯤 되면 어떤 감정을 나타낼 때도 우리가 다른 민족을 바라보는 것처럼, 다른 나라 사람들도 우리를 바라본다는 것을 생각해야 한다. 갑작스레 당한 일로 슬픔을 나타낼 때 비탄과 오열이 아니라 맑고 투명한 기운으로 발현되는 품격 있는 모습이었으면 좋겠다. 기쁠 때도 좋아서 날뛰거나 시시덕거리며 실없이 웃고 떠드는 경망스러운 모습을 보지 않았으면 싶다. 이제는 시대에 맞게 우리의 감정 표현이 이전과 다른 모습으로 달라져야 하지 않을까.

"기뻐서 날뛰게도 하지 않는다. 슬퍼 통곡하게 하지도 않는다. 흥청거리도록 취하게도 하지 않는 것이라야 정겨운 것이다. 그것은 잠잠한 침잠이고 가벼운 도취고 고요한 공감이다." 인문학자 김열규 선생의 글이다. 읽을수록 마음에 와 닿는다.

맺는말

이 책은 내가 보고 듣고 느낀 사람들의 정신세계와 갖가지 사람풍경을 보며 그때그때 쓴 글을 모은 것이다. 나 역시 이 같은 이야기를 글로 쓸 만큼 남에게 내세울 것이 하나도 없다는 것을 안다. 다만 글쓰기를 통해 다른 사람과 함께 내가 느끼고 체험한 것을 이야기하고 싶었을 뿐이다. 하고 보니 사람과 사람들에 관한 이야기를 참 많이도 썼다. 앞서 말 한데로 살면서 수많은 사람을 만나며 인간의 희로애락과 팔고(八苦)에 관한 감정표현의 모습은 하늘에 별 만큼이었다. 가까운 곳에나 아니면 바로 곁에서 사람들의 온갖 모습을 살펴보는 과정에서 때로는 어! 그게 아닌데 하는 일도 있었고, 아! 하며 감동한 일도 있었다. 나 역시 그들의 처지나 상황에 따라 내가 가진 모든 감정이 글속에 그대로 드러나고 말았다.

우리 누구나 나 자신이 먼저 나를 믿어야 남도 나를 믿어주는 법이다. 자기를 믿는 자신감이야말로 나 자신을 내가 원하는 곳으로 끌고 가는 힘의 원천이다. 그리고 나는 글 쓰는 동안 이 말을 수시로 떠올렸다. "우리는 꾸준한 마음, 무엇보다도 스스로 믿는 마음이 있어야 한다. 재능은 어떤 일을 완성하라고 하늘에서 내려준 것이다. 그렇기에 우리는 어떤 대가를 치러서라도 우리에게 맡겨진 일을 해내야 한다."라는 퀴리 부인의 말이다.

책의 모든 글이 제목처럼 사람과 사람에 관한 일이라 정말 조심스러웠다. 자연이나 계절의 변화 주변 사물에 관한 사유가 아니고 사람에 관해 이야기한다는 게 남의 눈에는 어떻게 비칠지 알 수는 없다. 행여 내가 쓴 글이 작가의 사명감이든 내 호기심이든, 욕심이든, 아니면 무엇이 되었든, 넘치지만 않았으면 좋겠다. 그래도 정말 걱정스러운 것은 그를 통해서 하는 말이 한낱 글 쓰는 재주만 믿고 주인 없는 집 마당에 강아지처럼 혼자 나부댄 것은 아닐까 하는 생각이다. 만에 하나라도 내가 쓴 글이 나의 허세나 치기가 아닌지, 몇 번이라도 되돌아보는 일을 이 땅에 사는 동안에는 멈추지 않을 것이다.

2018년
저자 이홍식